もっとおいしく、
料理の腕が上がる!

下ごしらえと調理テク

監修
松本仲子
女子栄養大学名誉教授

朝日新聞出版

はじめに

下ごしらえを知ることで毎日の料理をもっとおいしく

料理の出来栄えといえば、焼き方、揚げ方などが頭に浮かぶかと思いますが、それにもまして大切なのが下ごしらえです。葉をちぎるだけのレタスのサラダでも、水切りが悪いとドレッシングとあえても水っぽいでしょう。簡単な料理ほど下ごしらえが大切なことがわかります。ほうれん草のお浸しは定番ですが、ほうれん草は株ごと洗ってゆでて、束を揃えてから切り、ボウルに入れてほぐしながらあえているのではないでしょうか？　しかし、ほうれん草を切ってからゆでても、出来上がりの風味も栄養分も変わらないのです。下ごしらえは、料理の味わいだけでなく、手間や時間にも関わってくることなのです。また、絶品のまぐろの刺身でも、薄く切ったのでは、おいしいとはいえません。とりわけ大切な切り方をはじめ、下ごしらえがおいしさを決めるといっても過言ではないでしょう。簡単でも、おいしい料理作りに役立つ下ごしらえをぜひ試してみてください。

松本仲子

500
400
300
200
100
50
00'00

もくじ

もっとおいしく、調理の腕が上がる！

下ごしらえと調理テク

この本の使い方

- 本書は、調理の際に役立つ食材の下処理の情報を掲載しています。
- 野菜、魚介、肉、卵、豆、大豆製品など、食材別に洗い方、切り方、戻し方、ゆで方、焼き方などの下処理の手順を細かく解説しています。
- 迷いがちな下処理方法は検証を行い、検証結果を紹介しています。検証結果としてOKとしていて△のものは、間違いではありませんが、○の方がおすすめです。また、科学的に解明しながらの調理のコツを解説しています。
- 食材の目安量（概量）と廃棄率（P206～）や料理別栄養成分表のデータ（P240～）を掲載しています。栄養価は「日本食品標準成分表2015年版（七訂）」を参照しています。

食材別の下ごしらえ法をプロセスつきで解説

食材別に洗い方や切り方のほか、加熱方法などの下処理を写真つきでわかりやすく解説。

それぞれのポイントや目的などを解説

下処理をする目的を調理科学の視点から詳しく解説。また、ちょっとした豆知識をワンポイントmemoで紹介。

定番のレシピを紹介

メイン料理から副菜まで定番の料理のレシピを紹介。

定番の料理をおいしく作る調理のコツをポイントカットで解説

よく作る定番の料理をワンランクアップさせ、おいしく作るポイントを解説。

PART 1

野菜の下ごしらえテク

野菜のうまみや栄養の流出を抑え、おいしく食べるコツは、丁寧な下ごしらえがあってこそ。下ごしらえのきほんを覚えて、料理の味をワンランクアップさせましょう。

Q キャベツのせん切り、どう違う？

A 繊維に沿って切る

〈切り方〉
かたい繊維を断ち切らないので、しっかりした歯触りに。

水に5分さらす

OK!

繊維が残っているので、ピンとしてかたい。

＼シャキシャキ！／

B 繊維に直角に切る

〈切り方〉
繊維を断ち切っているので、繊維が残らずやわらかい食感に。

水に5分さらす

OK!

ハリはないが口の中でボソボソしない。

＼しんなりやわらかい！／

繊維を残すか断ち切るかで変わる食感の違い

野菜には繊維がありますが、特にキャベツは、下（芯）から上（葉）へ向かってしっかりとかたい繊維が縦に走っています。キャベツをせん切りにするときは、繊維に沿って切ると、繊維が残るためシャキシャキとしっかりした歯触りになります。反対に、繊維に直角に切ると、繊維が断ち切れるのでやわらかい歯触りになります。

野菜の切り方徹底検証②

Q 玉ねぎを切る、どう違う？

A 繊維に沿って切る

〈切り方〉
食感を残したいときや、形を残したいときに。

煮汁で10分煮る

OK!

見た目で

基本的に玉ねぎは火を加えると崩れやすいが……。

／ 煮崩れしない！ ＼

B 繊維に直角に切る

〈切り方〉
繊維を断ち切ると筋が残らずやわらかい。

煮汁で10分煮る

OK!

食べやすさ

辛み成分は抑えられ、やわらかな食感に。

／ 程よく煮崩れる！ ＼

作る料理によって、切り方を変えてみる

玉ねぎの繊維は、根から上へ向かって縦に走っています。繊維に沿って切るときは、縦半分に切って、切り口を下にして端から薄切りにしましょう。煮崩れしにくいので、炒め物や煮込み料理に向いています。反対に、繊維を断ち切るように直角に切ると、食感がやわらかくなります。サラダやマリネ、スープの具などに向いています。

野菜を
切る

包丁で食材を2つ以上に分ける

切る以外に野菜を小さくする方法

打つ

包丁をトントンと連続してふり下ろし、包丁の重みで切る方法。

たたく

包丁の背で野菜をたたいたり、側面を当てて野菜を押し割る方法。

切る目的

① 食べられない部分を取り除く

野菜により異なるが、皮や根、種、ワタ、茎など廃棄する部分を切る。

② 形や大きさを揃える

調理法や食べる人の年齢などに合わせて、形や大きさを揃えて切る。

調理法や器、食べる人に合わせる

野菜は小さく切ると火の通りが早くなり、調味料がよくしみ込みます。火の通る早さは食材によって異なるので、調理法に合わせて切ることがポイントです。見た目をよくするため、盛りつける器の大きさに合わせて切ることも忘れずに。また、切る方向によって食感が変わるため、食べる人の年齢や状態に応じて切る方向を変えましょう。

歯触りなど食感の違い

繊維によって切る方向を決める

野菜の切り方徹底検証（P10-11）でも述べましたが、野菜には繊維が走っている方向があります。一般的に繊維はかたいので、繊維に沿って切ると煮崩れを防いだり、シャキシャキと歯触りがよくなります。しかし、食材によっては筋が残って食べにくいと感じることも。繊維を断ち切るように切ると、食感がやわらかくなります。

繊維の方向による食感の違い

繊維に沿って切る

煮物や汁物など煮崩れを防ぎたいもの、シャキシャキとした食感を残したいものは、繊維を残すように切る。キャベツのせん切りなどは、かたい繊維が残るので歯触りがよくなる。

繊維に直角に切る

生で歯切れよく食べたいものや、加熱してやわらかくしたいものなどは、繊維を断ち切るように切る。やわらかい食感になるので、子どもやお年寄りの料理に適している。

食材別切り方の特徴

① きんぴらごぼうはささがきで

ささがきは鉛筆を削るように切る方法。繊維を断つように切るとやわらかくなる。

② 針しょうがは繊維に沿って

繊維に沿って薄切りにしてからせん切りにして、針のようにピンとさせる。

③ 白菜のそぎ切りは繊維を断ち切る

繊維がかたい軸は食べにくい。そぎ切りにすると繊維を断ち切ることができる。

洗い方カタログ

野菜編

外気に触れて育つ野菜は、表面に土や害虫、残留農薬が付着していることがあるのでよく洗いましょう。種類によって洗い方が違います。

1 葉物野菜を洗う

青菜

根元は水につけてよく洗う

根元には土や汚れが溜まりやすいため、溜めた水の中で丁寧によく洗う。

»

葉はふり洗いをする

葉にも土や虫がついている場合があるため、溜めた水の中でふり洗いをする。

レタス

1枚ずつ流水で丁寧に洗う

外側から1枚ずつはがし、流水で丁寧にこすり洗いをする。

にら

葉はふり洗い、根元はこする

葉先は溜めた水の中でふり洗いをし、根元は流水にあてながらよくこする。

スプラウト

根を切り落としてふり洗い

根を切り落とし、溜めた水の中で葉先をふり洗いし、根元も同様に洗う。

memo

洗う目的って?

野菜を洗う目的は、表面についた汚れや害虫、残留農薬を落とすため。種類によっては、塩を使って洗うものも。その野菜に適した洗い方で洗いましょう。

2 実・茎野菜を洗う

ピーマン

流水で表面と
内側を洗う

表面を布巾などでこすり洗いし、切って種とワタを除いて内側も洗う。

トマト

流水で表面を
やさしく洗う

布巾やガーゼなどを使って、流水でやさしく表面をこすり洗いする。

ブロッコリー

ふり洗い&
塩水につけおき

よくふり洗いする。塩分1％程の塩水に、ブロッコリーをつけておくこともある。

オクラ

塩をこすり
つけて洗う

塩をオクラの表面につけ、うぶ毛や汚れを落とすようにこすり、水洗いする。

きゅうり

板ずりしてから
洗う

水で濡らしたきゅうりをまな板に置き、塩をふって転がしてから水洗いする。

そら豆

さやから出して
よく洗う

そら豆はさやから取り出し、表面についたワタを取るようによく洗う。

3 根菜・いもを洗う

大根・かぶ

流水でこすり
洗い&ふり洗い

土や汚れがひどいものはたわしを使ってこすり洗い、葉や茎の間はふり洗いを。

ごぼう

たわしを使って
よくこする

ごぼうについている土を洗い流してから、たわしでこすりながら水洗いする。

いも類

流水で
よくこすり洗い

たわしを使ってこすり洗いする。土つきのものは土を落としてから洗う。

野菜編

種類や用途によって、皮を厚くむくもの、薄くむくもの、湯むきするものがあります。それぞれに適したむき方を覚えましょう。

1 皮を厚くむく

里いも

回しながらむく

包丁の刃元を使い、里いもを回しながら皮をむく。皮は乾いてからがむきやすい。

上下を落として五～六面にむく

上下を切り落とし、切り口から縦に皮をむく。五～六面になるようにむく。

じゃがいも

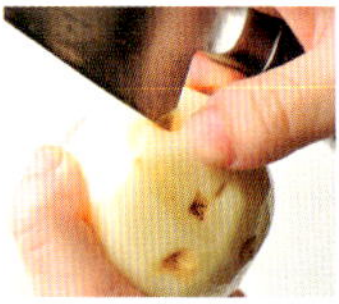

芽のまわりはえぐり取る

ソラニンという毒素を含むじゃがいもの芽は包丁の刃元でしっかりえぐり取る。

かぼちゃ

そぐようにむく

皮がかたいため、手で持たずまな板に置き、そぐようにして所々切り落とす。

大根

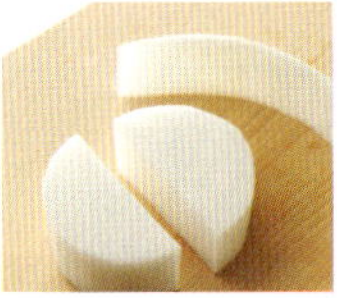

料理に合わせて切ってからむく

大根は太くて長いため、料理に合わせた長さに切ってから、皮を厚くむく。

かぶ

茎に向かって縦にむく

下から茎に向かって縦にむくと見た目もきれいに。回しながらむいても。

2 皮を薄くむく

ごぼう

包丁の背でこそげ取る

ごぼうの皮には風味があるため、むかずに包丁の背で薄くこそげ取る。

にんじん

STEP 1

つけ根を切り落とす

ヘタは、茎のつけ根から1cm程のところを切り落とす。

»

STEP 2

つけ根から下へむく

ピーラーを使えば簡単に皮を薄くむくことができる。つけ根から下へむくとラク。

アスパラガス

STEP 1

根元を切り落とす

アスパラガスの根元は繊維が多くかたいため、1〜2cm程切り落とす。

»

STEP 2

かたい部分をむく

根元近くもかたいため、下から4〜5cmのところをピーラーか包丁で皮をむく。

»

STEP 3

はかまを取り除く

茎についている三角の形をしたはかまは、口当たりをよくするために取り除く。

3 皮を湯むきする

トマト

STEP 1

ヘタをくり抜き切り目を入れる

包丁の切っ先でヘタをくり抜き、ヘタの反対側に十文字の切り目を浅く入れる。

»

STEP 2

熱湯に入れる

鍋に湯を沸かしてトマトを入れ、皮がめくれてきたら網じゃくしで取り出す。

»

STEP 3

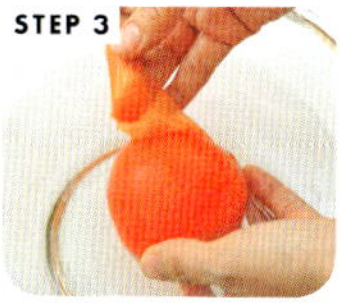

冷水につけて皮をむく

用意しておいた冷水につけ、切り目のめくれた皮をつまんでむくと簡単にむける。

切り方カタログ

野菜編

野菜は、切る大きさや切る方向などの違いによって、食感が変わってきます。種類と用途に適した基本的な切り方を覚えましょう。

さいの目切り

材料を1cm厚さ→1cm幅の棒状→端から1cm幅に切ってサイコロ状にする。

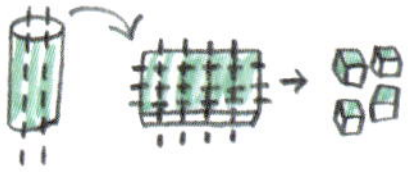

拍子木切り

細長い棒状の形に切る方法。材料を5〜6cm長さ、1cm幅、1cm厚さに切る。

そぎ切り

厚みのある材料を斜めにそぐようにして切る。火の通りが早くなる。

短冊切り

薄い長方形に切る方法。材料を5〜6cm長さ、1cm幅、2〜3mm厚さに切る。

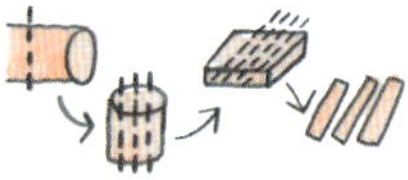

輪切り

切り口が円形の材料を端から切る方法。厚さは料理に合わせる。

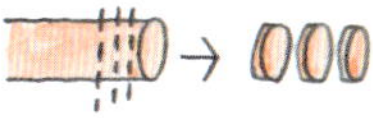

半月切り

切り口が円形の材料を縦半分に切り、端から切る。輪切りを半分に切っても。

いちょう切り

切り口が円形の材料を縦四つ割りにし、端から切る。輪切りを四つ割りにしても。

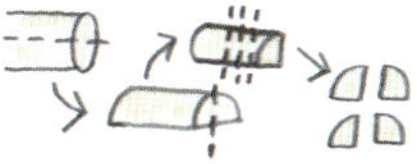

斜め切り

材料を斜めに切る方法。料理に合わせて縦半分に切ってから斜めに切ることも。

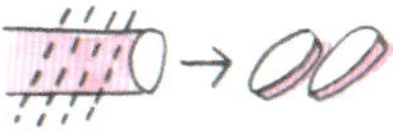

乱切り

不規則な形に切る方法。手前に回し斜めに包丁を入れながら切る。

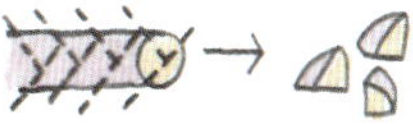

ぶつ切り

材料を料理に合わせて適当な大きさにブツブツ切る方法。形にはこだわらない。

薄切り

薄切り①玉ねぎなど

材料を端から薄く切る。玉ねぎは半分に切って切り口を下にすると切りやすい。

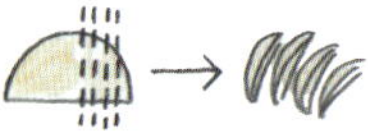

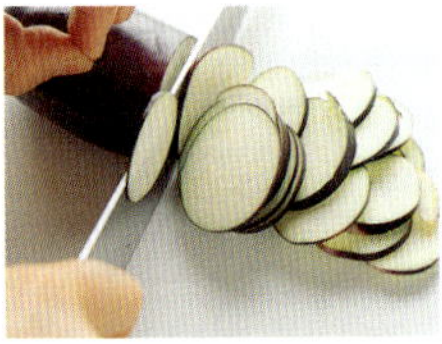

薄切り②なすなど

なすはヘタを切り落としてから薄切りに。切ったあとはすぐに水につけること。

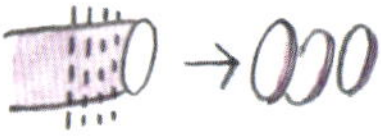

斜め薄切り

材料を斜めに薄く切る。縦に薄く切るよりも繊維を断ち切りやわらかい食感に。

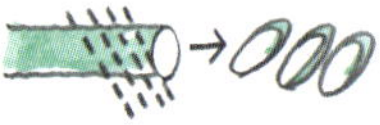

memo

切ったあとに水につける野菜は?

野菜を切ったあと、そのまま使うもの、水につけるものがあります。素材や用途によって異なりますが、例えば、ごぼうやじゃがいもは変色防止のために。サラダ用のレタスやキャベツは歯触りをよくするため、玉ねぎやねぎは辛みをやわらげるために水につけます。

角切り（2〜3cm）

材料を1辺2〜3cm程の立方体に切る方法。あられ切りより大きい。

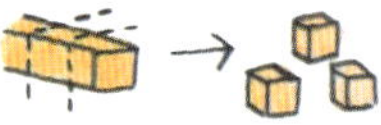

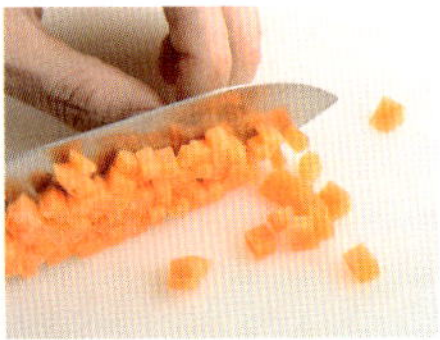

あられ切り（6〜8mm）

6〜8mmの立方体に切った小さい角切りのこと。さいの目切りよりも小さい。

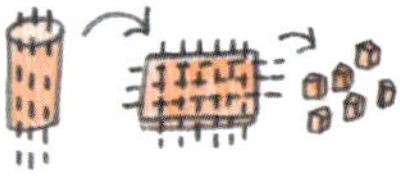

細切り

細切り①ピーマンなど

材料を3㎜程の幅に切る。拍子木切りよりも細く、せん切りよりも太い。

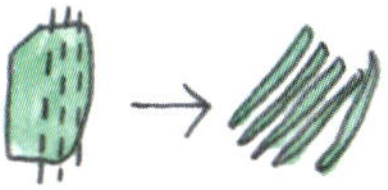

細切り②ごぼうなど

ごぼうなどの厚みのある材料は、3㎜程の厚さに切ってから細切りに。

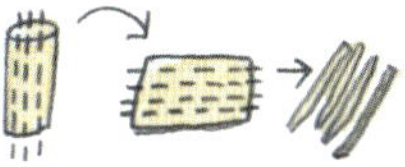

くし形切り

球形の材料を縦半分に切り、切り口を上か下にして中央から等分に切り分ける。

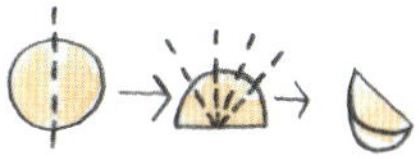

せん切り

せん切り①キャベツなど

細切りよりも細く切ること。繊維に沿って切るとしっかりとした歯応えに。

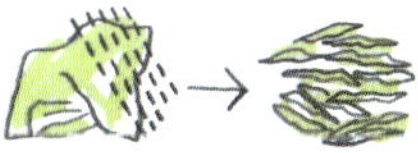

せん切り②キャベツなど

繊維と直角に切るとやわらかい食感に。葉物野菜以外は薄切り→せん切りに。

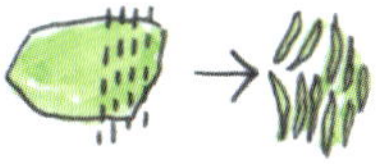

せん切り③長ねぎ

長ねぎは約4㎝長さに切り縦に切り込みを入れ芯を取り、繊維に沿って細く切る。

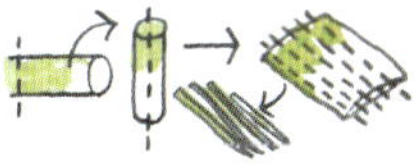

みじん切り

みじん切り①玉ねぎ

縦半分に切り、縦・横に切り目を入れ、端から切る。根を残すと切りやすい。

みじん切り②にんじんなど

材料を薄切り→せん切りにして端から細かく刻む。大きめなら粗みじん切り。

みじん切り③長ねぎ

縦に４～５本切り込みを入れ、端から細かく切り、全体を刻む。

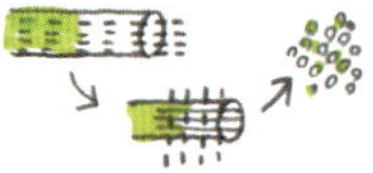

小口切り

丸くて細長い材料を端から薄く切る方法。切り口が小さいものも同様に切る。

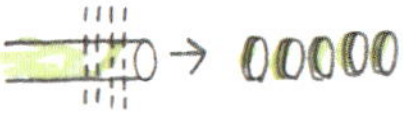

ささがき

材料の表面を削るように、回しながら細く薄く切る。ピーラーを使っても。

たたく

麺棒などで材料をたたいて割り、手でちぎると、味がしみ込みやすくなる。

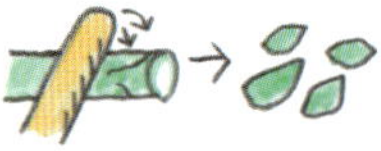

COLUMN

切り目・切り込み・ちぎる

食べやすさや料理の見映えをよくするために、食材によっては切り分けずに切り目や切り込みを入れる方法があります。

切り目を入れる

切り離さないように包丁を入れる。火の通り、見映えをよくする。

切り込みを入れる

端を残して包丁で残りの部分を切り離すこと。火の通りをよくする。

隠し包丁を入れる

盛りつけで下側になる面に1/3の深さまで十字の切り目を入れる。

葉物をちぎる

葉物野菜は手でちぎると歯触りがよい。切る場所もとらずにすむ。

こんにゃくをちぎる

コップや手でちぎることで断面に凹凸ができ、調味料が入りやすい。

スライサーで切る

せん切りはスライサーが便利。包丁と比べて味・見た目に差はない。

memo **切り目や切り込みを入れる目的は?**

煮えにくい野菜などは、切り込みを入れることで、火の通りがよくなり、調味料が均一に浸透して食べやすくなります。また、手でちぎった方が食感もよく、調味料とからみやすい食材もあります。

Q ごぼうを水につける、どう違う？

A 水につける

〈つけ方〉
よく洗い、ささがきにして水につける。

10分つける

OK!

ごぼうもつけ水も茶色っぽい。

△

＼少し、茶色っぽい……／

B 酢水につける

〈つけ方〉
よく洗い、ささがきにして酢水につける。

10分つける

OK!

見た目で ○

漂白したかのようなきれいな白色に。

＼白くなる！／

ごぼうを白くきれいに仕上げたいときに

酸性の酢を加えるとフラボノイド系の色素を白くする作用があります。ごぼうを酢水につける目的は、白く仕上げるため。ごぼうは水にさらしてアク抜きをするのが基本でしたが、最近のごぼうはアクが少ないため、水にさらす必要はありません。逆に水につけすぎると、ポリフェノールなどの栄養素や香りが失われてしまいます。

野菜の水のつけ方徹底検証②

Q レタスを水につける、どっちが正解?

A 氷水につける

〈つけ方〉
手でちぎったレタスを盛りつける直前まで氷水につける。

10分つける

OK!

歯触りで ○

パリッとみずみずしい歯触りに。

パリパリ、シャキシャキ!

B 常温の水につける

〈つけ方〉
氷水と同じ条件で、手でちぎったレタスを常温の水につける。

10分つける

NG!

×

しなっとして、シャキッとした歯触りもない。

ベチャッとしなしな!

パリッとさせる秘訣は、水の冷たさにあり

レタスなどの繊維には低温でかたくなる性質があります。サラダなどパリッとした歯触りにしたいときは、氷水につけましょう。ただし、つけすぎは水っぽくなるので注意。温度が関係しているため、常温の水につけるとやわらかくなり、しんなりしてしまいます。キャベツのせん切りも同様に1〜2分つけて。

野菜を
水につける

変色を防いだり、パリッとさせる

方法①
水につける
辛み成分を抜いたり、豆類などの乾物を吸水させるときなど。

方法②
酢水につける
ごぼうなど変色しやすい野菜を白く仕上げたいときには酢水に。

方法③
氷水につける
野菜をパリッとさせたり、ゆでた青菜などの変色防止に。

水につける目的

① パリッとさせる
水分が野菜の細胞に入り込むため、みずみずしくパリッとする。

② 変色を防ぐ
水につけることによって酸素を遮断するため、切り口の変色を防ぐ。

③ 辛みをやわらげる
辛みの強い野菜を薄切りにして水につけると、辛み成分が溶出する。

④ アクを抜く
アクの強い野菜を切り、しばらく水につけるとアクが抜ける。

水につけることで野菜をきれいに保つ

　ごぼうなど切り口が変色することを褐変《かっぺん》といい、褐変は、切り口に酸素が触れると同時に酵素が働きかけて起こります。そのため、水につけて酸素を遮断し、褐変を防ぐのです。また、野菜の細胞膜は半透性の性質があり、レタスなどを水につけるとパリッとするのは、水につけることで水分が細胞内に入って張りのある状態になるからです。

アクを抜く野菜、抜かなくてもよい野菜

野菜の特徴と変化に合わせることが大切

アクとは野菜に含まれる苦みや渋み、えぐみなどを指し、料理の味や色を悪くします。しかし、すべての野菜がアク抜きを必要とするわけではありません。例えば、ごぼうやれんこんはアク抜き不要ですが、変色を防ぐために切った端から水につけることは有効です。アク抜きは、必要に応じて行いましょう。

目的	変色を防ぐ	パリッとさせる	辛みを抜く
適した野菜	ごぼう なす れんこん など	レタス キャベツ きゅうり セロリ など	玉ねぎ 長ねぎ など
方法	切り口が空気に触れると褐変《かっぺん》するので、切ったらすぐに水につける。なすは切り口が下になるようにつける。	サラダなど生食する場合は、氷水につける。冷たいと繊維はかたくなるので、よりパリッとする。	玉ねぎは薄切りにしてから水につける。辛み成分をしっかり抜きたいときは、布巾に包んでもみ、細胞を壊す。

アクを抜く野菜、抜かなくてもよい野菜

アクを抜く

≫

さつまいも
ほうれん草など

さつまいもは水につけて褐変を抑える。ほうれん草はゆでたあと、水にさらす。

アクを抜かない

≫

ごぼう
れんこん

アク抜きすることで食材の風味が失われてしまい、味に深みがでないことも。

水のつけ方カタログ

野菜編

野菜は水につけると、水分を吸収しパリッとした歯触りになります。また、変色を防ぐ色止めや、辛みがやわらぐ作用があります。

1 パリッとさせる

レタス

ひと口大にちぎってつける

ひと口大に手でちぎって冷水につける。1枚のままつけても。

きゅうり

小口切りにしてつける

小口切りなどにして冷水につける。しんなりさせるときは塩もみして。

セロリ

細切りにしてつける

細切りなどにし、冷水につけてパリッとさせる。サラダなどに。

キャベツ

せん切りにしてつける

せん切りなどにし、冷水につける。サラダやつけ合わせなどに。

memo

生野菜を水につけるときは氷水を

水につけると野菜が水を吸収し、野菜中の細胞に充満することで張りが出ます。温度が低いとかたくなる性質があるため、氷水を使うと相乗効果でさらにシャキッとした食感に。長くつけすぎると、風味や糖分が失われてしまいます。

2 変色を防ぐ

じゃがいも

ひと口大に切ってつける

じゃがいもは皮をむいて切る端からすぐ水につける。酸化すると黒ずんでしまう。

ごぼう

切る端から水につける

ごぼうは切る端から水につける。白くしたいときは酢水につける。

れんこん

酢水につけて白さを保つ

れんこんは輪切りなどにしたらすぐ酢水につける。酢には白くする効果も。

なす

切ったらすぐ水につける

なすは切ったらすぐ切り口を水につける。変色を防ぐとともにアクも抜ける。

りんご

塩水やレモン水につける

りんごは切ったらすぐに水につける。水に塩やレモン汁を加えると効果的。

memo

どうして変色するの?

野菜や果物は、ポリフェノールや酸化酵素を含むものがあります。ポリフェノールは、空気に触れると酵素の作用で酸化し、メラニン色素に変化します。

3 辛みをやわらげる

玉ねぎ

薄切りにして水につける

玉ねぎは薄切りにして水につけると辛みが減る。生で食べるときにおすすめ。

長ねぎ（白髪ねぎ）

せん切りにして水につける

長ねぎは極細のせん切りにして水につけるとピンとし、辛みもやわらぐ。

memo

辛み成分は水溶性

玉ねぎやねぎなどが持つ辛みの主成分は、水溶性の硫黄化合物。水につけることで切り口から辛み成分が溶出するため、辛みがやわらぎます。

Q 干ししいたけを戻す、どっちが正解？

A 30℃のぬるま湯で戻す

〈戻し方〉
温度が下がりすぎないようにぬるま湯で戻す。

30分つける

OK!

早さで

ぬるま湯で戻すと
水分を早く吸収する。

／早くふっくら戻る！＼

B 60℃の湯で戻す

〈戻し方〉
60℃の湯の中に入れて戻す。

30分つける

NG!

完全に戻るまで時間が
かかりそう……。

／ちゃんと戻らない！＼

短時間で戻したいときはぬるま湯を使う

干ししいたけは、水に5〜6時間浸して戻すのが基本ですが、30℃程度のぬるま湯なら30分程で戻ります。このときに砂糖を加えると、湯の浸透圧が高くなるのでさらに早く戻るでしょう。温度が60℃以上の湯に浸すと、熱によって表面の組織が変化するため、水分を吸収しにくくなり、きれいに戻らなくなります。

乾物の戻し方徹底検証②

Q かんぴょうを戻す、どっちが正解？

A そのまま水につける

〈戻し方〉
ざっと洗ってから水につける。

10分つける

NG!

引っ張ってもかたくちぎれにくい。
煮るとさらにかたくなる。

かたい！

B 塩でもんでから水につける

〈戻し方〉
ざっと洗ってから塩をふってもみ、塩を洗い流して水につける。

10分つける

OK!

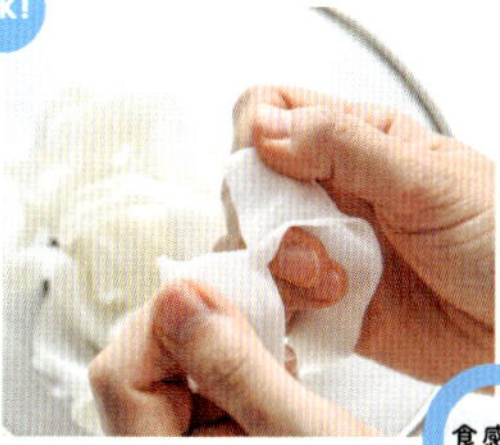

食感で

爪を立てるとちぎれる。
煮るとさらにやわらかくなる。

ふっくらやわらか！

塩でよくもむことで、繊維をやわらかくする

かんぴょうを戻すときは、かんぴょう50gに対して小さじ1ほどの塩をふってよくもんでから、水に浸して戻します。戻したあとは、調味料で煮つけます。塩でもむことによって細胞の表面が傷つけられ、組織が壊れるため、ふわっとやわらかくなります。一方、そのまま水で戻して煮たかんぴょうは、かたく、調味料が浸透しにくくなります。

Q 大豆をゆでる、どっちが正解？

A 水で戻してからゆでる

〈ゆで方〉
季節（夏季～冬季）により5～8時間水で戻す。

弱火で40分～1時間ゆでる

水で戻してからゆでると皮もやぶれず、ふっくら仕上がる。

ふっくら、やわらか！

B そのままゆでる

〈ゆで方〉
水で戻さず、そのまま水からゆでる。

弱火で40分～1時間ゆでる

指で押してもつぶれないくらいかたい。

かたくて割れやすい！

大豆は水をたっぷり吸収させて戻す

大豆は必ず水で戻してから調理します。夏季は約5時間、冬季は約8時間ほどかかります。早く戻したいときは、水1カップに対して塩小さじ⅓を加えてみましょう。大豆のたんぱく質であるグリシニンは塩分に溶けやすい性質があるため、ある程度早く戻ります。水分を十分に吸わせることで煮えむらがなく、ふっくらと仕上がります。

乾物の戻し方徹底検証④

Q 小豆をゆでる、どっちが正解？

A 途中でゆでこぼす

〈ゆで方〉
そのまま水からゆでて、一度ゆでこぼす。

弱火で1時間程ゆでる

NG!

✕

風味が抜けて小豆らしくない……。

／色が抜けてボソボソ！＼

B そのままゆでる

〈ゆで方〉
そのまま水からゆでる。途中でゆでこぼさない。

弱火で1時間程ゆでる

OK!

風味で◯

色ツヤがきれいでふっくらやわらかい。

／小豆らしい風味が残る！＼

小豆はゆでこぼしの必要なし

小豆は大豆のように水戻しせず、そのままゆでるのが一般的です。小豆は水からゆでますが、ここで重要になるのが一度ゆでこぼすか、ゆでこぼさないかという点。今の小豆はアクが少なく、ゆでこぼすと風味が抜けてしまい、小豆らしさがなくなります。おいしくゆでるには、豆がおどらない状態で静かにゆでることがポイントです。

Q 高野豆腐を戻す、どっちが正解？

A 表示通りにぬるま湯で戻す

〈戻し方〉
袋の表示通り（ぬるま湯など）に戻す。

20分後

OK!

食感で

絞っても型崩れしない。

／ふっくら、弾力あり！＼

B 熱湯で戻す

〈戻し方〉
現在市販されている高野豆腐を沸騰した湯で戻す。

5分後

NG!

プルプルした食感だが、型崩れする。

／やわらかすぎて崩れる！＼

たっぷりのぬるま湯で表示通りに戻すのが基本

高野豆腐は、製造メーカーによって違いがありますが、袋の表示に従って戻します。そうすると手で絞っても型崩れせず、スポンジのようなふわふわした食感を保ちます。一方、ひと昔前に市販されていた高野豆腐は熱湯で戻す方法もありましたが、現在の高野豆腐はぬるま湯で戻すのが一般的です。また、戻さずにそのまま煮るタイプのものもあります。

乾物の戻し方徹底検証⑥

Q ライスペーパーを戻す、どっちが正解？

A ぬるま湯に通す

〈戻し方〉
1枚ずつぬるま湯に通して戻す。

30秒～1分後

ベタベタとくっついて
きれいに巻けない。

／やぶれるなど巻きにくい！＼

B 濡れ布巾にはさむ

〈戻し方〉
1枚ずつ湿らせた布巾にはさむ。

5分後

ベタベタせず、
くっつかない。

／きれいに戻り、巻きやすい！＼

濡れ布巾にはさんで5分がベスト

ライスペーパーは戻し方にコツがあります。水やぬるま湯に通す戻し方もありますが、濡らした布巾にはさんで戻すのがきれいに仕上げる秘訣。水で戻すよりややかためですが、具材を巻いていく過程で、具材から出る水分でちょうどよい状態になるでしょう。水やぬるま湯に通すと、ライスペーパーがくっついて具材を巻きにくくなります。

乾物を 戻す

抜けた水分を含ませる

方法①

水に一晩つける

一晩水につけてじっくり戻す。うまみが強く、味がよくなる。

方法②

ぬるま湯につける

時間がなく早く戻したいときなどは、ぬるま湯につけてもOK。

方法③

塩もみしてさっとゆでる

かんぴょうは塩でもんでから、さっとゆでて戻す。

乾物って？

① **水分を少なくして保存性を高めたもの**

干ししいたけや切り干し大根、わかめ、昆布、ひじき、煮干しなど。

戻す目的

② **生鮮時の水分を取り戻すため**

水分を含ませ、やわらかくしてから調理して、食べやすくする。

水分が抜けた状態からやわらかくする

乾物は水分が少ないため、保存性が高く、栄養成分やうまみが凝縮しています。食材によって戻し方を変え、水やぬるま湯につける、さっとゆでるなど、水分を含ませてやわらかくします。また、それぞれの戻し率（戻したときの重量）も異なるので、大量に戻しすぎないように注意が必要です。戻し時間は食材の乾燥状態により異なります。

水につける、つけない

食材の特徴によって戻し方を覚える

食材の特徴によって水につけて戻すもの、水につけないものがあります。前者は、干ししいたけや切り干し大根、かんぴょう、きくらげ、わかめ、昆布、ひじき、寒天、大豆、春雨などです。後者は、小豆やライスペーパー、乾燥湯葉などです。特に小豆は、皮がかたいからと長時間つけると、夏場はつけ水が発酵することがあります。

方法	水・ぬるま湯につける		水・ぬるま湯につけない
適した食材	干ししいたけ 切り干し大根 かんぴょう 昆布 大豆	ひじき 寒天 焼き麩 春雨 など	小豆 ライスペーパー 乾燥湯葉 など

大豆を戻したときの汁はどうする？

捨てずに利用して

アク抜きが必要のない大豆の戻し汁は、捨てずに利用しましょう。昆布と合わせればお吸い物のだしとして使えます。

戻すときの水の温度は？

ぬるま湯は30℃で

乾物は水で戻すのが基本ですが、干ししいたけやひじきなどはぬるま湯で戻すことも。30℃のぬるま湯なら、少し早く戻ります。

乾物編

乾物は戻すと重量が増します。食材によって戻す時間が異なるので、それぞれに適した時間と戻し方をしましょう。

1 水・ぬるま湯で戻す

干ししいたけ（香信／傘が七分程開いたもの）

STEP 1

水に5〜6時間つける。ぬるま湯なら30分程つける。

水に
5〜6時間
» » »
ぬるま湯なら
30分

STEP 2

約4倍の重さに戻る。

干ししいたけ（どんこ／傘が開ききらないもの）

STEP 1

水に一晩つける。ぬるま湯なら30分程つける。

水に一晩
» » »
ぬるま湯なら
30分

STEP 2

約4.5倍の重さに戻る。

切り干し大根

STEP 1

水に10〜15分つける。

水に
10〜15分
» » »

STEP 2

約4倍の重さに戻る。

かんぴょう

STEP 1

塩もみして
水に10分
» » »
ゆでて10分

STEP 2

塩もみして水に10分つけ、10分程、透明な感じになるまでゆでる。

約２倍の重さに戻る。

memo

わかめの違いって？

塩蔵わかめは水でさっと洗って塩抜きをしてから戻しますが、カットわかめは塩抜きする必要がなく、そのまま温かい汁などに加えることができます。

わかめ（カット）

STEP 1

水に５分
» » »

STEP 2

水に５分つける。

約12倍の重さに戻る。

わかめ（塩蔵）

» 水に10分

水に10分つけると、約2.5倍の重さに戻る。

昆布

STEP 1

水に20分
» » »

STEP 2

水に20分つける。

約３倍の重さに戻る。

早煮昆布

» 水に10分

水に10分つけると約2.5倍の重さに戻る。

memo **うまみの多い乾物は戻し汁を利用して**

水につけてもアクが出ない、しいたけや昆布などは、うまみなど水溶性の成分が溶出するので、戻し汁は捨てずにだしとして利用しましょう。だしとして使うときは、汚れが落ちるように洗ってから戻しましょう。

芽ひじき

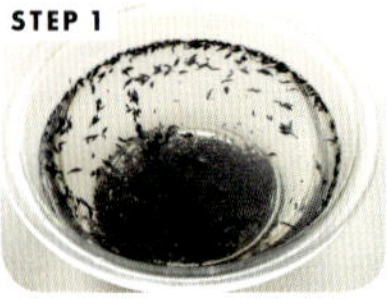

水に20分
» » »

水に20分つける。

約8.5倍の重さに戻る。

長ひじき

水に30分つけると、約4.5倍の重さに戻る。

棒寒天

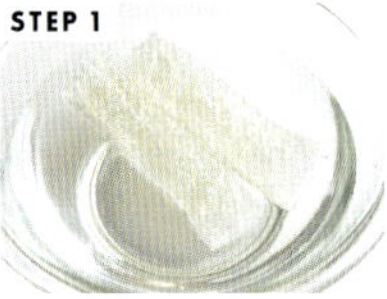

水に30分
» » »

水に30分つける。

約5倍の重さに戻る。

糸寒天

水に20分つけると、約3倍の重さに戻る。

春雨（緑豆）

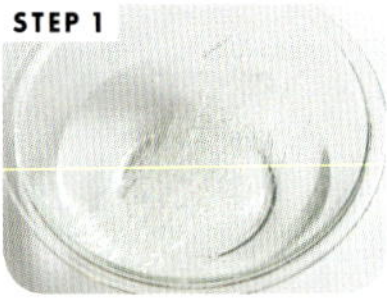

ぬるま湯に
10分
» » »

ぬるま湯に10分つける。または沸騰した湯2カップに100gの春雨を入れ、火を消して5分おく。

約3.5倍の重さに戻る。

春雨（芋）

ぬるま湯に10分つけると、約4倍の重さに戻る。または沸騰した湯につけて3〜4分。

きくらげ

STEP 1

水に20分つける。

水に20分
» » »

STEP 2

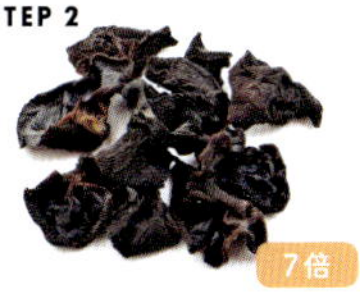

約7倍の重さに戻る。

焼き麩

» 水に20分

水に20分つけると、約6倍の重さに戻る。

大豆

STEP 1

水に一晩(5～8時間)つける。

水に一晩
» » »

STEP 2

2.5倍の重さに戻る。

memo

大豆を戻すポイント

よく洗い、浮いてくるゴミや虫食い豆を取り除くこと。大豆はたっぷりの水に入れるのがポイント。水の量が少ないと吸水が不十分で戻りません。

2 水に浸さず戻す

乾燥湯葉

STEP 1

濡れ布巾にはさんで10分。

濡れ布巾で
10分
» » »

STEP 2

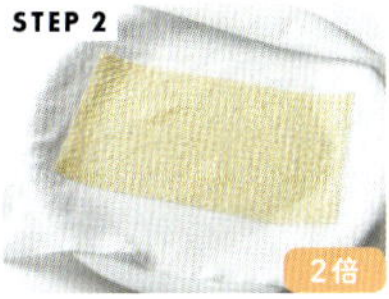

約2倍の重さに戻る。

ライスペーパー

» 濡れ布巾で5分

濡れ布巾にはさんで5分おくと約1.5倍の重さに戻る。

Q おろし器で、どう違う?

A アルミ製のおろし器

〈おろし器の特長〉
軽いので使い勝手がよい。

OK!

辛みで

粒の形状はやや短く、
ちょっと不揃いな感じ。

／辛みが引き立つ！＼

B プラスチック製のおろし器

〈おろし器の特長〉
おろし受けがついているので使い勝手はよい。

OK!

食感で

繊維が残るが、
しっとりとした食感。

／ちょうどよい食感！＼

好みや用途によって使い分けてみる

大根は部位によって辛さが違います。葉のある方が上、先端の根の方が下になり、上部の方が甘く、下部は辛みが強く、繊維も多いので筋っぽいのが特徴です。大根おろしには、好みにもよりますが、好みで部位を選んで使うとよいでしょう。一般家庭で使われるおろし器には、アルミ製、プラスチック製、セラミック製、フードプロセッサーなどがあります。アルミ製は、粒

C セラミック製のおろし器

〈おろし器の特長〉
重みがあるので安定感があり、おろしやすい。

OK!

好みで

口当たりなめらかで、きめ細かい。

＼なめらかだけど物足りない気も？／

D フードプロセッサー

〈おろし器の特長〉
一気におろせて手軽。

OK!

早さで

形状や大きさにムラがあり、ボソボソしている。

＼粗さが目立つ！／

の形状が短く、不揃いになりがちですが、歯応えがあります。プラスチック製はアルミ製に比べ、繊維は残るものの、しっとりとした舌触りになります。セラミック製は、突起が小さく密集しているため、きめが細かくなめらかな舌触りに。フードプロセッサーは形状や大きさは不揃いで、かたまりが残ることがありますが、おろしそばやおろし煮には向いています。また、仕上がりも早いので、大量に必要な料理にも利用するといいでしょう。好みや用途で使い分けましょう。

Q わさびをおろす、どっちが正解？

A サメ皮のおろし器

〈おろし器の特長〉
目が細かいのでなめらかにおろせる。

OK!

ふんわり、なめらかな感じに。

香りで○

きめが細かい、
香りが抜群！

B プラスチック製のおろし器

〈おろし器の特長〉
ガリガリしてうまくおろせない。

NG!

繊維が残り、
ボソッとしている。

×

粗くて、香りも
イマイチ……

わさびの辛さと香りは細胞を壊すことが決め手

生わさびをおろすときは、サメ皮のおろし器のように目の細かいおろし器を使うと、多くの細胞を細かく壊すことができます。細胞を壊すことにより、なめらかになるだけではなく、わさびの辛さと香りを引き出すことができます。プラスチック製などの粗いおろし器では、生わさび本来の風味が損なわれ辛みがでません。食感も粗くなります。

Q 山いもをおろす、どう違う？

A プラスチック製のおろし器

〈おろし器の特長〉
目が粗いので、ザラザラした感じに。

OK!

△

重く、ドロッとしている。

＼かたまりがあり、ザラザラ！／

B すり鉢

〈おろし器の特長〉
すり鉢の側面にこすりつけてなめらかに。

OK!

食感で

程よい粘りがあり
クリーミーな仕上がり。

／ふんわり、なめらか！＼

ひと手間かけて、程よい粘りけを出す

山いもなどでとろろを作るときは、プラスチック製などのおろし器を使うより、すり鉢でするほうがなめらかになります。そのあとに、すりこ木を使ってすり鉢の側面にこすりつけるように混ぜていくと、きめが細かくなめらかにふんわりと仕上がります。プラスチック製などのおろし器を使うときは、ゆっくりと丁寧におろすとよいようです。

野菜を おろす

野菜の細胞を粉砕すること

器具①

おろし器

アルミ製やプラスチック製など多種あり。好みや用途で使い分ける。

器具②

サメ皮のおろし器

目が細かいので多くの細胞を細かく壊すことができる。

器具③

すり鉢

すり方で粗さなどが加減でき、空気を含みふんわり仕上がる。

おろす目的

① 水分を保ちながら細かくする

細胞内に含まれる酵素が外に出て活性化する。消化を助ける。

② 辛みや粘りを出すため

わさびや山いものように、細胞をすりつぶし辛みや粘りを出す。

細胞をつぶす、つぶさないの違い

わさびやしょうがのように辛み成分や香りを出すもの、山いものように粘りを出すものは、すりつぶして細胞を壊すことで食材が持つ特徴が生かされます。反対に、大根やかぶ、きゅうりなど、水分を保ちながら細胞を壊さずにすりおろしたものは、舌触りがなめらかになるとともに、食材に含まれる栄養素を無駄なく摂取することができます。

おろし器の種類は好みで使う

食材や用途によって使い分ける

おろし器には目が粗いものと目が細かいものがあります。食材や料理によって使い分けましょう。大根やかぶなどは、食感の好みで使い分けるほか、鍋や煮物に使う、焼き魚に添えるなど、料理によっても使い分けできます。辛み成分や粘りけを引き出すには、目が細かいサメ皮やすり鉢ですりおろすのがいいでしょう。

種類	目が細かい	目が粗い
おろし器	セラミック製 サメ皮 すり鉢 など	アルミ製 プラスチック製 鬼おろし
特徴	目が細かいおろし器で大根などをすりおろした場合、舌触りがなめらかになる。わさびやしょうがなど辛み成分を出したいときは、細かいおろし器でおろすと辛みが増す。	程よい水分を含むが、舌触りがざらつくことも。舌触りがある方が好みの場合はこちらで。鬼おろしは、みぞれ鍋などに使う大根やかぶを粗くおろすことができる。

「おろす」と「すりおろす」の違い

粉砕《ふんさい》と磨砕《まさい》の違い

細胞をつぶさないように細かくすることを「粉砕」といい、細胞をすりつぶしながら細かくしていくことを「磨砕」という。

汁を取るときは目の粗いおろし器を

粗い方が多く取れる

しょうがなどの汁を取るときは、目の粗いおろし器でおろした方がより多く、濁りがない汁が取れる。

おろし方カタログ

野菜編

大根おろしのように、おろし器を使って細胞をつぶさないように細かくかき切る場合と、わさびや山いものように、細胞をすりつぶして辛みを出したり、粘りを出す場合があります。

1 野菜をおろす

大根

使う分量に切ってからおろす

大根は料理に合わせて使う分量の長さに切り、皮をむいてからおろす。

かぶ

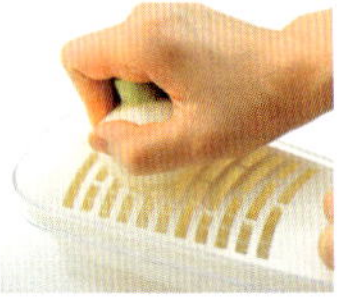

皮ごとおろす

かぶは皮がやわらかいため、よく洗い、根端を切り落として皮ごとおろす。

玉ねぎ

繊維と直角におろす

玉ねぎはバラバラになりやすいため、繊維と直角になるようにしておろす。

にんじん

使う分量の皮をむく

にんじんは料理に合わせて使う分量の長さのところまで皮をむき、おろす。

きゅうり

板ずりして洗ってからおろす

きゅうりは皮の青臭さを取るために、板ずりして水で洗ってからおろす。

memo

ドレッシングに

おろした野菜はドレッシングに入れると、食物繊維を逃がすことなくとれます。ただし、空気に触れると酸化しやすいので、食べる直前におろすこと。

2 いも・根菜をおろす

山いも（おろし器）

おろし器でおろす

山いもは皮をむいてからおろし器でおろす。滑りやすいので布巾で巻いても。

山いも（すり鉢）

すり鉢ですりおろす

すり鉢の側面に山いもを当てて回しながらすりおろす。濡れ布巾を敷くと安定する。

»

すりこ木で全体をよくする

さらにすりこ木を使って全体をよくすることで、ふんわりと仕上がる。

じゃがいも

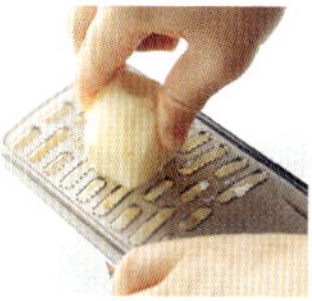

皮を厚くむいてからおろす

じゃがいもは皮を厚くむき、芽のまわりも取り除いてからおろす。

れんこん

穴の中をよく洗ってからおろす

れんこんは穴の中もよく洗い、皮をむいてから穴のある面を下にしておろす。

memo

ふんわりする理由は？

山いもは、すり鉢ですったあとにすりこ木ですると、細胞が壊れて粘りが増すと同時になめらかになり、空気を含んでふんわりとした食感になります。

3 香味野菜をおろす

にんにく

根元の部分を切り落とす

にんにくは根元のかたい部分を切り落とし、繊維と直角になるようにしておろす。

しょうが

傷やかたい部分を取り除く

おろししょうがは目の細かいおろし器、しょうが汁は目の粗いおろし器を使う。

わさび

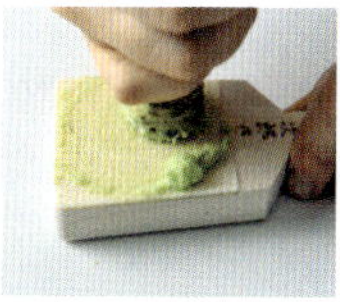

サメ皮おろしでする

わさびは汚れや根元を取り除き、目が細かいサメ皮のおろし器ですりおろす。

Q じゃがいもをゆでる、どう違う？

A 皮つきのまま水からゆでる

〈ゆで方〉
皮をむかず丸ごと水からゆでる。

20分後

OK!

手軽さで

時間はかかるが、
手間はかからない。

／ねっとりとした食感！＼

B 切ったじゃがいもを塩ゆでする

〈ゆで方〉
湯の重量に対し0.5％の塩を加えゆでる。

6～8分後

OK!

早さで

手間はかかるが、
ゆで時間を短縮できる。

／ホクホクした食感！＼

食感の好みや手間によってゆで方を変える

じゃがいものゆで方は、手間と時間、風味の違いで選ぶとよいでしょう。皮つきのまま丸ごと、水からゆでるのは、切る手間が省けますが、ゆで時間がかかります。仕上がりはじゃがいもらしい風味が残り、ねっとり感があります。一方、切ったじゃがいもの塩ゆでは、手間はかかりますが短時間でゆであがり、淡白でホクホク感があるおいしさです。

野菜のゆで方徹底検証②

Q ほうれん草をゆでる、どう違う？

A 根元からゆでる

〈ゆで方〉
沸騰した湯に根元から入れる。

1～2分後
冷水にとる

OK!

見た目で

水けを絞ってから根元を揃えるのが少し面倒。

／丁寧に作るときに＼

B ざく切りにしてからゆでる

〈ゆで方〉
沸騰した湯に、ざく切りにしたほうれん草を入れる。

1～2分後
冷水にとる

OK!

手軽さで

絞ってあえ物にそのまま使える。

／ラクなのに、おいしい！＼

栄養価は変わらないので気にしなくてよい

ほうれん草は、たっぷりの熱湯に根元から入れてゆでるのが一般的ですが、実は、ざく切りにしてからゆでても栄養価やおいしさは変わりません。昔ながらのゆで方は、料亭で出されるようなお浸しに向いています。家庭で食べるなら、切ってからゆでた方が、根元の泥を落としたり、切り揃えるなどの手間が省け、簡単なのでおすすめです。

Q 白菜をゆでる、どう違う？

A たっぷりの熱湯でゆでる

〈ゆで方〉
葉と軸に切り分け、軸から先に熱湯でゆでる。

1～2分後

OK!

△

しなしなになりやすい。

／少し、水っぽい……＼

B 蒸しゆでにする

〈ゆで方〉
フライパンに少量の水を入れて蒸しゆでにする。

1～2分後

OK!

うまみで○

シャキッとして歯応えもいい。

／みずみずしく、甘みあり！＼

白菜などの淡色野菜は蒸しゆでで時短

アクが少なく変色しない淡色野菜などは、湯を沸かす時間が省ける蒸しゆでが手軽でいいでしょう。野菜とかぶるくらいの水をフライパンに入れ、蓋をして火にかけるだけで、さっと蒸しゆでができます。フライパンは、効率よく全体を加熱できるので便利です。白菜は葉と軸に分け、時間差をつけて入れれば、同時に程よくゆで上がります。

野菜のゆで方徹底検証④

Q ブロッコリーをゆでる、どう違う？

A たっぷりの熱湯でゆでる

〈ゆで方〉
小房に分けて熱湯でゆでる。

3分後

OK!

△

緑は鮮やかだけど、やわらかくなりやすい。

水っぽくて味が抜けた感じ

B 蒸しゆでにする

〈ゆで方〉
フライパンに少量の水を入れて蒸しゆでにする。

3分後

OK!

うまみで

緑色も鮮やかで食感も◎。

程よいかたさうまみも濃い！

蒸しゆでしてもおいしくゆで上がる

緑黄色野菜は、たっぷりの熱湯でゆでるのが基本ですが、ブロッコリーは、ゆで時間を間違えるとやわらかくなりすぎるので注意しましょう。その点、蒸しゆでなら、ブロッコリーのうまみをギュッと凝縮させ、程よいかたさになります。熱湯でゆでるなら時間を短くしましょう。ほかにアスパラガス、さやいんげんなども、蒸しゆでに向いています。

Q れんこんをゆでる、どっちが正解？

A 熱湯でゆでる

〈ゆで方〉
皮をむき、薄い半月切りにして熱湯でゆでる。

5分後

NG!

変色して色が悪い。

／時間が経つと黒ずんでくる＼

B 酢を加えた熱湯でゆでる

〈ゆで方〉
皮をむき、薄い半月切りにしたものを、酢を入れた熱湯でゆでる。

5分後

OK!

見た目で

変色せず、色がきれいに。

／時間が経っても白いまま！＼

酢を加えて白くゆで上げ、歯切れのよい食感に

れんこんの褐変《かっぺん》を防ぐには酢水にさらすのが効果的ですが、酢を入れた熱湯でゆでるのもおすすめです。酢にはれんこんを白くする効果があり、空気に触れても白色をきれいに保つことができます。また、れんこん特有の粘り成分のムチンが、酢と反応して粘りを抑えるため、ベタつかずサラッとしてシャキシャキした食感になります。

野菜のゆで方徹底検証⑥

Q 里いもをゆでる、どう違う？

A 熱湯でゆでる

〈ゆで方〉
皮をむいてから熱湯でゆでて洗う。

5分後

OK!

味わいで

里いも特有のぬめりもとれる。

角が少し崩れるが
おいしさはそのまま！

B ミョウバンを加えた熱湯でゆでる

〈ゆで方〉
皮をむいてからミョウバン入りの熱湯でゆでて洗う。

5分後

OK!

見た目で

ぬめりもなく、かためで煮崩れしない。

角もそのまま
見た目もきれい！

ミョウバンは味の浸透を妨げるぬめりを解消

料亭などでは、白さを保ち、煮崩れさせないためにミョウバンを加えてゆでてぬめりを洗いますが、ほっくりさを失い、かための仕上がりになります。一方、そのまま熱湯でゆでてぬめりを洗ったものは、少し角が崩れますが、調味料はよく浸透するので、家庭料理で味わうなら十分でしょう。

Q 青菜をゆでたあと、どっちが正解？

A ザルに上げる

〈ゆでたあと〉
熱湯でゆでたあと、ザルに上げる。

5分後

NG!

×

水っぽく味が薄い。

黒っぽくて
ベチャベチャ……

B 氷水にとる

〈ゆでたあと〉
熱湯でゆでたあと、氷水にとる。

5分後

OK!

うまみで

ほうれん草本来の
うまみが濃い。

緑が鮮やか！
シャキシャキ！

冷水にとって アク抜きと色止めを

ほうれん草などのアクが多い緑黄色野菜は、ゆでたあとに冷水につけると、アクが抜け、緑色が鮮やかになります。アク成分は水溶性のものが多く、ほうれん草のアク成分であるシュウ酸も、ゆでて水にさらすと溶出します。また、緑色成分のクロロフィルはゆでたあと、高温の状態におくと変色するため、冷水に浸して色止めをします。

野菜のゆで方徹底検証⑧

Q 白菜をゆでたあと、どっちが正解？

A ザルに上げる

〈ゆでたあと〉
ゆであがった白菜をザルに上げる。

5分後

OK!

食感で
ツヤツヤして、歯触りもいい。

＼みずみずしく甘みを感じる！／

B 氷水にとる

〈ゆでたあと〉
ゆであがった白菜を氷水にとる。

5分後

NG!

×
少しベチャッとしている。

＼水っぽく、味が薄い！／

アクの少ない野菜はザルに上げる

アクのない淡色野菜は、水につけずにザルに上げて冷まします。そうすることで、水っぽくならず、風味も損なわれません。アクが少ない緑黄色野菜（ブロッコリー、アスパラガスなど）も同様に。水にしっかりつけると、水っぽくなるうえ、風味も溶出します。ゆですぎないようにゆでて水にとらないことが、一番おいしく食べられる秘訣です。

野菜を ゆでる

煮物やあえ物、お浸しの下調理として行う

どんな調理の下処理？

煮物

れんこんやごぼうの褐《かっ》変《ぺん》を防いだり、里いものぬめりを取る。

あえ物

ほうれん草など白あえなどの具材をやわらかくしてから調味する。

お浸し

アクが強い青菜などはゆでてアクを抜く。口当たりをよくする。

ゆでる目的

① アクや渋みを取り除く

料理の味を邪魔するアクや渋みなどの成分をあらかじめ取り除く。

② 口当りよく、色鮮やかにする

野菜の繊維をやわらかくして口当たりをよくしたり、色を鮮やかにする。

渋みなどのアクを除き、口当たりをよくする

野菜は、ゆでることによって渋みなどのアク成分が溶出します。また、野菜の繊維が熱によりやわらかくなるので、口当たりがよくなります。青菜をゆでるときはたっぷりの沸騰した湯に入れると、色素成分であるクロロフィルを安定させ色を鮮やかに保ちます。れんこんやごぼうをゆでるときは、酢を加えるときれいな色を保ちます。

野菜のゆで方は2通り

野菜の種類によってゆでるか蒸しゆでに

野菜には、ゆで向きのもの、蒸しゆで向きのものがあります。アクのある青菜やふきなどはゆでる、アクのない白菜やキャベツなどの淡色野菜や、緑黄色野菜でもアクの少ないブロッコリーやアスパラガスなどは蒸しゆでが向いています。ゆでるときは、たっぷりの湯を沸騰させたところに入れてゆでましょう。

	ゆでる	蒸しゆで
適した食材	ほうれん草や春菊などの青菜や、アクが強いふきなど。また、緑色を保ちたい緑黄色野菜。	白菜などアクのない淡色野菜や、ブロッコリーやアスパラガスなどアクの少ない緑黄色野菜。
特徴とポイント	**アクを抜き、色止め効果も** ぬるい湯でゆでると色を悪くする酵素が働いて緑色があせる。必ず、沸騰した湯に食材を入れる。	**少ない水で加熱する** 食材とひたひたの水を入れて、必ず蓋をしてゆでる。蓋をすることで全体に熱が伝わる。

ゆでたあとの粗熱の取り方は3通り

冷水・氷水につける

アク成分は水につけると溶出する。あたたかみがなくなるまでつけるのが目安。

さっと水につけザルに上げる

きぬさやなど、アクが少ない緑黄色野菜の緑色を保ちたいときに。

そのままザルに上げる

白菜やキャベツ、もやしなど、アクのない淡色野菜は、水につけると水っぽくなる。

野菜編

ゆでることにより、野菜が持つアクなどが溶出され、口当たりがよくなると同時に、素材がやわらかくなり調理がしやすくなります。

1 青菜をゆでる

春菊

茎を30~40秒↓
葉を20~30秒

葉と茎を切り分け、茎を入れて30～40秒、葉を加えて20～30秒ゆでる。

ほうれん草

切ってからゆでる

ほうれん草はざく切りにし、たっぷりの沸騰した湯で1～2分ゆでる。

小松菜

根元を2分↓
葉を加え1分

たっぷりの熱湯に根元を入れて2分程、葉を入れて1分程ゆでる。

チンゲン菜

茎からゆでて2分

根元に切り目を入れ、沸騰した湯で茎を2分程、葉を入れてさっとゆでる。

memo

青菜はたっぷりの熱湯で

青菜には変色の元となるクロロフィルが含まれています。クロロフィルは酸性になると変色します。湯の酸性度を弱めるためには、たっぷりの熱湯でゆでることがポイントです。

2 その他の緑黄色野菜をゆでる

アスパラガス

根元を30秒↓穂先まで2分

下処理後、沸騰した湯に入れて根元を30秒程、穂先まで入れて2分程ゆでる。

枝豆

塩をまぶして熱湯で3分

枝豆の重量の1～2％の塩をまぶしてもみ、塩がついたまま3分程ゆでる。

オクラ

板ずり後に熱湯で2分

下処理したオクラを重量の2％の塩で板ずりし、塩がついたまま2分程ゆでる。

ブロッコリー

蒸しゆで3分でOK

ブロッコリーの高さの半分くらいの水を入れ、蓋をして3分程蒸しゆでする。

にんじん

切ってからor丸ごと

料理に合わせて切ってから熱湯で10～20分ゆでる。また、ゆでてから切ってもOK。

かぼちゃ

水から10分ゆでる

かぼちゃがやわらかくなるまで水から10分程ゆで、ザルに上げる。

3 淡色野菜・きのこをゆでる

キャベツ

蓋をして2〜3分

かぶるくらいの湯に入れて蓋をし、2〜3分蒸しゆでしてそのままザルに上げる。

白菜

軸を1分↓葉をさっと蒸しゆで

切り分けた軸を蓋をして1分程、葉を加えて1分程蒸しゆでにしザルに上げる。

もやし

30秒ゆでる or 熱湯をかける

ザルにもやしを入れて30秒程ゆでる。または、もやしの上から熱湯をかける。

カリフラワー

熱湯で1分

熱湯に入れ、1分程ゆでてザルに上げる。

れんこん

酢を加えた熱湯に入れて5分

酢少々を加えた熱湯に入れてゆで、水にとってぬめりを取る。薄い輪切りなら2分、乱切りなら5分程。

きのこ

酒でいる or 熱湯で10秒

きのこはゆでずに酒少々をふっていりつける。または、レモン汁とローリエを入れた熱湯に10秒程入れる。

4 山菜をゆでる

たけのこ（皮つき）

STEP 1

たっぷりの水にぬかを加える

鍋にたけのこ、たっぷりの水を入れ、米ぬか少々を加える。

»

STEP 2

落とし蓋をして水から60分

落とし蓋をして水から60分程ゆでる。沸くまで強火、沸いたら中火。

»

STEP 3

竹串を通してチェック

根元近くのかたい部分に竹串を刺し、すっと通ったら皮をむいて水洗いする。

たけのこ（皮なし）

STEP 1

かぶる程の水に米ぬかを加える

たけのこがかぶるくらいの水に米ぬか少々を加え、皮をむいたたけのこを入れる。

»

STEP 2

沸騰したら中火にして60分

米ぬかを加えた水を強火にかけ、沸騰したら中火にして60分程ゆでる。

»

STEP 3

ゆであがったら水洗い

ゆであがったら、たけのこについたアクや米ぬかを水でよく洗い流す。

ふき

STEP 1

板ずりをする

葉と根元を切り落として鍋に入る長さに切り、まな板におき、塩をふって転がす。

»

STEP 2

塩をつけたまま1〜2分

鍋に湯を沸かし、塩がついたまま1～2分かためにゆで、筋を取り除く。

memo

山菜はアクを抜くこと

ふきはアクが強く、そのままでは食べられません。買ってきたらすぐに塩ゆでして渋みやえぐみを抜きましょう。わらびは重曹を加えた湯でさっとゆでます。

COLUMN

つぶす・裏ごすの違いって？

「つぶす」とは、上から圧力を加えて食材の形を崩すことをいいます。いも類やかぼちゃなどを使ってゴロッとしたコロッケを作るときは、粗くつぶして組織を壊しやわらかくします。にんにくの香り成分を出すときは、つぶして細胞を傷つけて香りを出します。また、きゅうりやごぼうをつぶすと、食感を楽しむことができます。一方、「裏ごす」とは、裏ごし器と木ベラを使い、食材の組織や細胞をほぐしてやわらかくすることをいいます。主に、いも類やかぼちゃでマッシュポテトやきんとんなど口当たりがなめらかな料理を作るときに裏ごしをします。

いもをつぶす

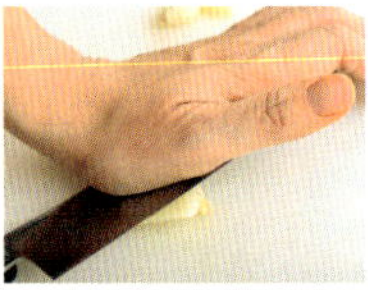

にんにくをつぶす

いもを裏ごす

PART

2

魚介・肉・卵・豆・大豆製品の

下ごしらえテク

料理をおいしくするコツは、丁寧に下ごしらえをすること。特に魚介や肉、卵、豆、大豆製品などたんぱく質の食材は、ひと手間かけることによっておいしさに違いがでます。

Q 焼き魚の食感、どう違う？

A 塩をふって15分程おく

〈焼く前〉
焼く15分前に塩をふって身をしめる。

15分後に
グリルで焼く

OK!

好みで

程よく焼き色がつき、
身崩れしない。

/ 表面がしまり、中はふっくら \

B 焼く直前に塩をふる

〈焼く前〉
塩をふってからすぐ焼く。

すぐに
グリルで焼く

OK!

食感で

見た目は変わらないが、
ふっくらしている。

/ 全体がふっくら \

塩をふるとたんぱく質が凝固する

魚は、焼く15～30分前に塩をふっておくと、塩が浸透してたんぱく質が凝固して身がしまります。グリルで焼くと表面はしっかりしまった状態で、中はふっくらとした仕上がりに。一方、焼く直前に塩をふって焼いた場合は、全体的にふっくらとした食感に。生臭さの違いはほとんどありません。あくまで好みで焼き方を変えましょう。

Q 魚の臭みを取る、どう違う？

A 霜降りをして水から煮る

〈煮方〉
よく洗ったあらを霜降りをして水から煮る。

霜降り後、潮汁を作る

OK!

透明感で

生臭さはなく、身崩れなし。

汁が透き通る！スッキリ味

B 霜降りをせずに水から煮る

〈煮方〉
よく洗ったあらをそのまま水から煮る。

そのまま潮汁を作る

OK!

うまみで

少し汁が濁るが、うまみたっぷり。

洗うだけでも十分おいしい

霜降りをしなくても洗うことで臭みを取る

あら汁や煮魚の下ごしらえとして、よく霜降りを行いますが、これは熱湯をかけると表面のたんぱく質がかたまって魚の臭みの元となる油分や血液、ぬめり、うろこなどが取れやすくなり、煮汁に臭みを残しません。ただ、味はややあっさり目。あらをよく洗っただけの潮汁は少し濁りますが、十分なうまみがあります。

Q 刺身を切る、どれが正解？

A まぐろを厚く切る

〈切り方〉
ダイナミックに分厚く切る。

OK!

うまみで

赤身特有のうまみと
食べ応えあり。

／うまみを強く感じる！＼

B まぐろを薄く切る

〈切り方〉
包丁を斜めに寝かせるようにして
薄く切る。

NG!

赤身のうまみが
感じられずもの足りない。

／味わいが薄い……＼

刺身はたんぱく質の違いで切り方を変える

刺身の切り方は、赤身魚と白身魚によって使い分けましょう。赤身魚は厚く切り、白身魚は薄く切るのが基本です。

魚は大きく分けて、血合い肉の量と色から、多＝かつお、まぐろ（赤身魚）、少＝たら、かれい、ひらめ（白身魚）、中間＝あじ、さば（青背魚）の3つに分けられます。赤身魚と白身魚は、においや肉質が違うので調理法も変わります。赤

C 鯛を厚く切る

〈切り方〉
1～2㎝幅ぐらいに厚切りする。

NG!

歯応えはよいが、
筋張った感じ。

プリプリしているけど
味は感じづらい…

D 鯛を薄いそぎ切り

〈切り方〉
包丁を斜めに寝かせるように入れて薄く切る。

OK!

食感で

コリコリした食感と
淡白な味わい。

歯応えとうまみも感じる！

身魚は血合い肉の部分が多いのでやわらかいのが特徴です。赤身魚を薄く切ると口当たりがもの足りなく、厚く切る方が赤身特有のうまみが生かされます。また、白身魚は赤身魚より、結合組織が多く身がかたくしまっているため、厚く切ると噛みにくいのでうまみを感じにくくなります。鯛やひらめなどは、薄切りにした方がコリコリとした食感と淡白な味わいが引き立ちます。また、あじなどの青背魚は、厚すぎず薄すぎないそぎ切りにするとよいでしょう。

魚介の
下処理

骨や内臓を取り除き、食べやすくする

下処理の方法

うろこを取る

かたくて口当たりが悪いうろこは、皮をはぐように取る。

内臓を取る

一尾魚は新鮮なうちに内臓を包丁でかき出す。内臓は傷みが早い。

洗う

うろこや血液を残さないよう、流水できれいに洗い流す。

下処理の目的

① 口当たりをよくする

うろこやぜいご、えら、小骨などを取り除くことで食べやすくなる。

② 生臭みを消す

魚の内臓は傷みが早いため、新鮮なうちに取り除いてよく洗い、臭みを消す。

下処理をすることで鮮度を保ち、臭みを消す

魚をおいしくいただくためには、鮮度を保つのがポイント。一尾魚を購入したら新鮮なうちに下処理をしましょう。うろこやぜいご、えらなどを取り除いたら、内臓をかき出して水で洗います。丁寧に下処理を行うことによって、口当たりがよくなり、生臭さを抑えます。また、保存性も高まるので、冷凍保存しておくと便利です。

おろし方は料理に合わせて

魚の大きさや身のかたさ、料理によって変える

魚のおろし方には、二枚おろし、三枚おろし、五枚おろし、大名おろし、腹開き、背開き、手開きなどがあります。魚の種類や大きさ、身のしまり具合のほか、料理に合ったおろし方を選びます。基本となるおろし方を覚えれば、魚料理の幅が広がるでしょう。また、刺身は赤身魚か白身魚かで切り方を変えるとおいしくなります。

おろし方	大名おろし	三枚おろし	手開き
料理の種類	刺身、フライ、天ぷら、カルパッチョ、オリーブオイル焼き、骨せんべいなど	刺身、フライ、焼き魚、南蛮漬け、煮付け、ムニエル、蒸し物など	フライ、つみれ団子、南蛮漬け、蒲焼き、煮付け、パン粉焼き、マリネなど
適した魚	きす、さんま、さよりなど、小さい魚や身が崩れやすい魚	あじ、さば、さんま、ぶり、鯛など	いわしなど、小骨が多く身がやわらかい魚

刺身の切り方の違い

赤身のたんぱく質

まぐろやかつおなどの赤身魚は、筋漿《きんしょう》たんぱく質という成分を多く含む。これが多いと肉質がやわらかい。厚めの平造りや引き造りなどにして歯応えを持たせる。

白身のたんぱく質

鯛やかれいなどの白身魚は、筋原繊維を構成するたんぱく質を多く含む。これが多いと肉質はかたい。繊維を断ち切るようにそぎ切りや糸造りにして食べやすくする。

魚介編

魚は、ぜいごやうろこ、頭、内臓を取るなど、調理の前におろします。魚の大きさや形、用途によっておろし方が異なります。

1 三枚おろし（二枚おろし）

START!

1 あじはぜいご・うろこを取り除く

尾の方からぜいごをそぎ取り、うろこも取り除く。反対側も同様に取る。

2 頭を切り落とす

胸びれのつけ根に包丁を入れ、反対側も同様にして頭を切り落とす。

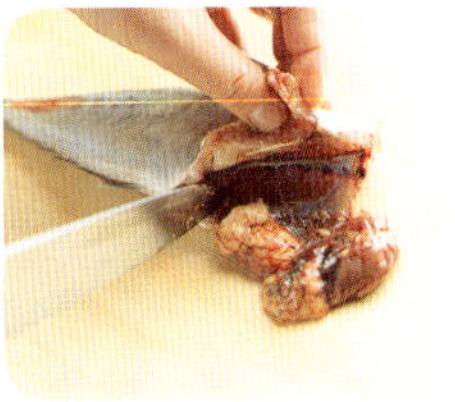

3 内臓を取り除く

腹を手前に置き、頭の切り口から腹までを開き、内臓を取り除く。

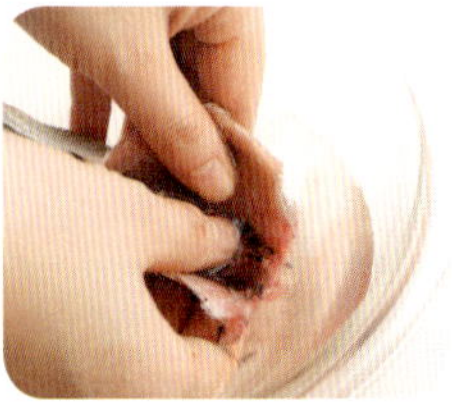

4 水洗いをする

腹の中だけでなく骨に沿っている血液をため水で洗い、水けを拭く。

5 腹側に包丁を入れる

腹側に頭の方から尾に向かって、骨に当たるところまで切り目を入れる。

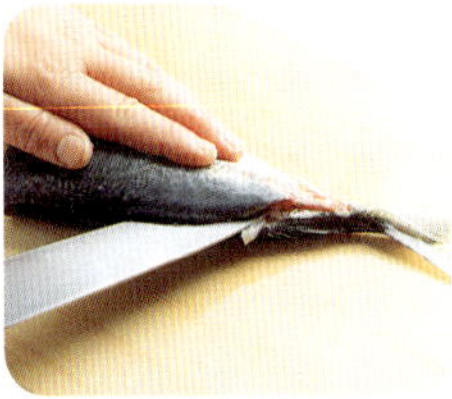

6 背側に包丁を入れる

背側に尾から頭の方に向かって、背びれの上を通って切り目を入れる。

7 中骨に沿って切る
二枚おろし完成！

尾から包丁を中骨に沿って頭の方に切り進め、身を切り離す。

8 裏返して背側に包丁を入れる

裏返して背側に、頭の方から尾に向かって6と同様に切り目を入れる。

9 腹側に包丁を入れる

向きを変え、腹側に尾から頭の方に向かって5と同様に切り目を入れる。

10 中骨に沿って切る

7と同様に、身を中骨から切り離す。

11 腹骨をそぎ取る

おろした身は腹側を左にして縦に置き、包丁を寝かせて腹骨をそぎ取る。

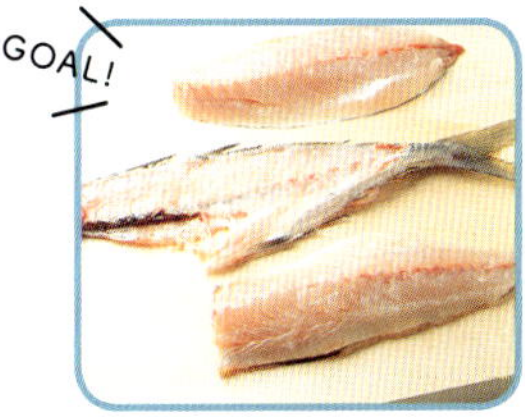

三枚おろし完成！

memo

ぜいごって何？

あじに見られる「ぜいご」とは、尾から腹にかけてあるトゲのことをいいます。トゲトゲしているので、一般的に好んで食べません。両側にあるので両方取り除きましょう。酢の物など皮をはぐときは、ぜいごは取らなくてもいいでしょう。

2 大名おろし

START!

1 ぜいご・うろこを取り除く

尾の方からぜいごをそぎ取り、うろこも取り除く。反対側も同様に取る。

2 頭を切り落とす

胸びれのつけ根に包丁を入れ、反対側も同様にして頭を切り落とす。

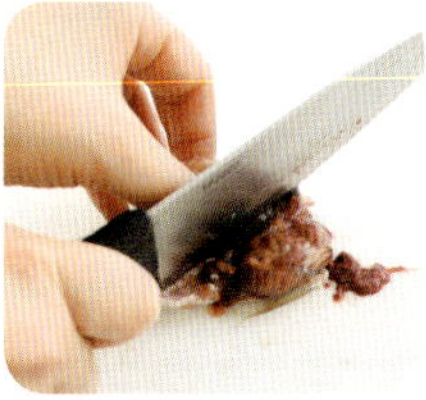

3 内臓を取り除く

腹を手前に置き、頭の切り口から腹まで斜めに切り落とし内臓を取り除く。

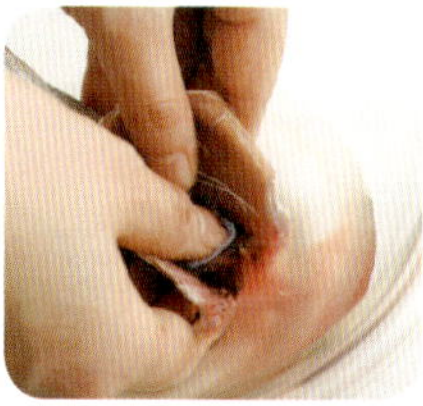

4 水洗いをする

腹の中や骨に沿った部分の血液をため水の中でよく洗い落とす。

5 水けを拭き取る

水洗いした魚は、ペーパータオルなどで水けをよく拭き取る。

6 身を切り離す

腹を手前に置き、頭の方から尾に向かって骨の上を切り進め、身を切り離す。

7 裏返して身を切り離す

裏返して背側を手前に置き、6と同様に骨の上を切り進めて身を切り離す。

GOAL!

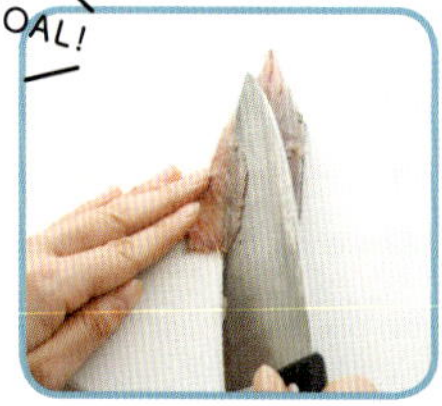

8 腹骨をそぎ取る

大名おろし完成!

おろした身は腹側を左にして縦に置き、包丁を寝かせて腹骨をそぎ取る。

memo

大名おろしって?

あじやいわしなど小さな魚をおろすやり方です。骨に身が多く残り、贅沢なので、大名おろしといわれています。

3 姿焼き（尾頭つき）の下処理

1 ぜいご・うろこを取り除く

尾の方からぜいごをそぎ取り、うろこも取り除く。反対側も同様に取る。

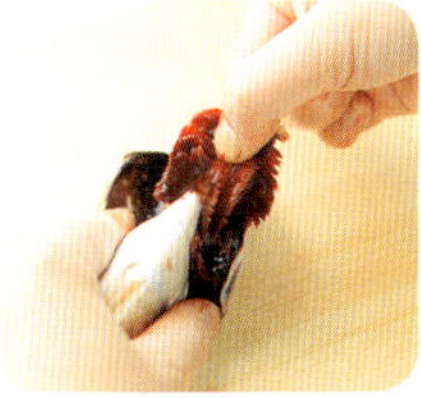

2 えらを取り除く

えらぶたを開き、包丁の切っ先を差し込み、ひねってえらを取り除く。

3 内臓をかき出す

盛りつけたときに下になる方の身側の腹に切り目を入れ、内臓をかき出す。

4 水洗いをする

腹の中や骨に沿った部分の血液をため水の中でよく洗い落とす。

5 水けを拭き取る

姿焼き下処理完成！

水洗いした魚は、ペーパータオルなどで水けをよく拭き取る。

memo

魚をおろしたあとの保存は？

おろした魚は、水けを拭き取り、ラップで包んで冷蔵室で2～3日保存。冷凍する場合は、一度氷水にくぐらせて1枚ずつラップに包んでから冷凍室で2～3週間保存を。氷水にくぐらせることで、魚の表面に膜ができ、酸化を防ぎます。

5 背開き　4 腹開き

1 頭・内臓を取り除いて洗う

P72のおろし方1～4と同様にぜいご、頭、内臓などを取り除いて洗う。

2 背側に包丁を入れて開く

反対側も同様に背側を切り開く。

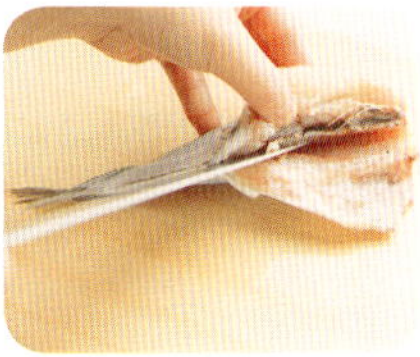

2 腹側に包丁を入れて開く

腹側に包丁を入れ、中骨に沿って尾の方まで切り進めて開く。

3 中骨を切り落とす

尾のつけ根から中骨を切り落とす。

4 腹骨をそぎ取る

背開き完成！

開いた魚を縦に置いて腹骨をそぎ取り、尻びれは骨抜きで取り除く。

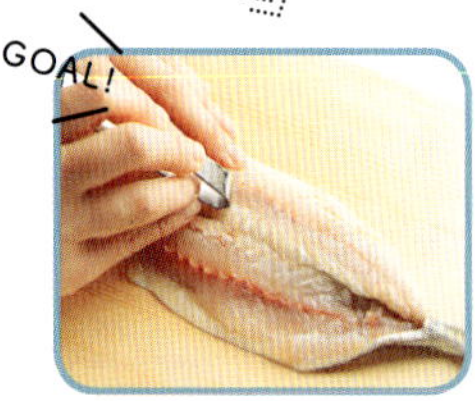

4 中骨・小骨を取る

腹開き完成！

中骨と身の間に包丁を入れ中骨をすき取り、腹骨や小骨を骨抜きで取る。

memo

腹開きと背開きの用途の違い

腹側から包丁を入れて開く腹開きにするか、背側から包丁を入れて開く背開きにするかは、魚の種類や用途によって変えましょう。あじフライや天ぷらなどを作るときは、腹開きが適しています。うなぎの蒲焼や干物には背開きが適しています。

6 手開き

memo

大型のいわしは三枚おろしで

いわしは通常、包丁を使わず手開きをした方が食べやすくなります。手で開くことによって、小骨も一緒に取れるという利点もあります。しかし、大きいいわしを刺身などで食べる場合は、身崩れしないよう包丁で三枚におろしましょう。

1 頭を切り落とす

胸びれのつけ根に包丁を入れ、反対側も同様にして頭を切り落とす。

2 内臓を取り除く

腹びれを切り落とし、内臓をかき出して取り除く。

3 水洗いをする

ボウルに水を張り、腹の中や血液、骨に沿った箇所を洗い、水けを拭く。

4 中骨に沿って指で開く

頭の方から尾に向かって、中骨に沿って親指で押し開いていく。

5 中骨を取る

尾のつけ根で中骨を折り、尾から頭の方に向かって中骨をはずしていく。

6 腹骨をそぎ取る

手開き完成！

開いた身の両側の腹骨を、包丁を寝かせながらそぎ取る。

7 刺身を切る

まぐろ（赤身）

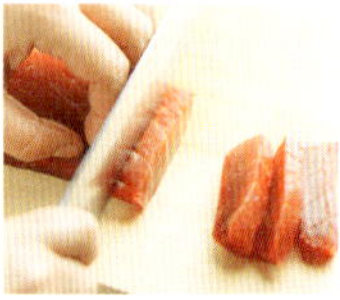

平造り

まな板の手前側に置き、包丁の刃元をさくにあて、引きながら身を0.7〜1cm幅に切る。

角造り

さくの切り口が正方形になるように棒状に切り、2cm角のサイコロ状に切る。

鯛（白身）

そぎ切り

包丁を斜めに寝かせ、手前に引き、包丁の切っ先を立てて切り離す。

あじのたたき

細切りにしてからたたく

皮をむいたあじの皮目を上にし、細切りにしてから包丁を上下させてたたく。

あじ・いわし（青背魚）

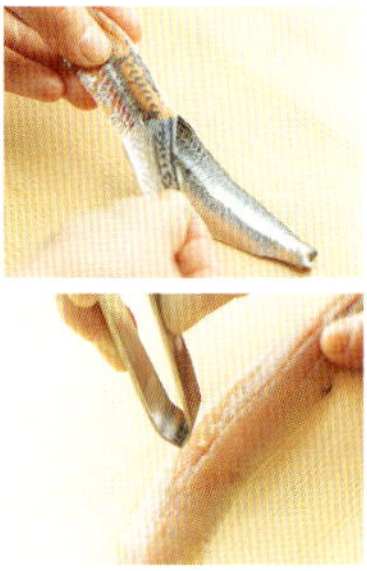

皮をむいて骨を取る

おろした魚の頭の方から尾に向かって皮をむき、骨抜きで小骨を取り、そぎ切りにする。

memo　酢じめって何？

あじやさば、いわしなどの青背魚を用いることが多く、魚のたんぱく質を酢で凝固させて身をひきしめ、長期保存が可能です。まずは、魚を塩でしめてから中骨を骨抜きで抜いて酢に浸します。皮は酢じめのあとにむきましょう。

8 あらの下処理

START!

1 塩をまぶす

あらの重量の3％くらいの塩をたっぷりとまぶす。

2 1時間程おく

塩をまぶして1時間程おき、水けと一緒に臭みやアクを取り除く。

3 霜降りにする

鍋にたっぷりの湯を沸かし、あらを入れてさっと霜降りにする。

4 水にとる

あらの表面が白くなったら、用意しておいた水にとる。

GOAL!

5 うろこやぬめりを取る

あらの下処理完成！

水を替えながら、うろこやぬめりなどの汚れを取り除き、ザルに上げる。

memo

うまみを味わうなら潮汁

だしを使わずに魚介類のうまみをそのまま利用する潮汁。鯛などのあらにしっかりと下塩をして霜降りし、水から入れてゆっくりとうまみを煮出すのがおいしさの秘訣です。

9 いかのおろし方

START!

1 胴と足を離す

胴の中に指を入れてワタをつなぐ筋をはずし、胴から足を離す。

2 足とワタを抜く

胴をしっかり押さえ、墨袋が切れないように足を引っぱり、ワタを抜く。

3 皮をむく

胴の軟骨を取り、水洗いして水けを拭き、エンペラごと引っぱり皮をむく。

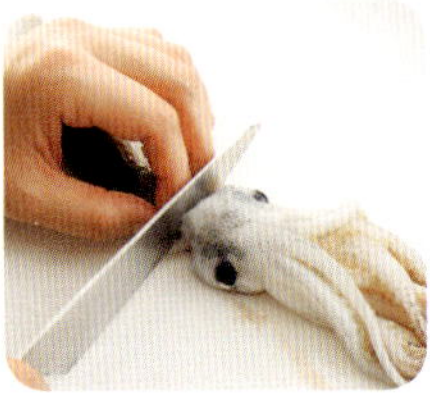

4 ワタと足を切り離す

目の上とワタの間に包丁を入れ、ワタと足を切り離す。

5 くちばし・目玉を取る

目と目の間に縦に包丁を入れて開き、くちばしと目玉を取る。

6 足を切り離す

足のつけ根に包丁を入れて足を切り離し、足の長さを切り揃える。

GOAL!

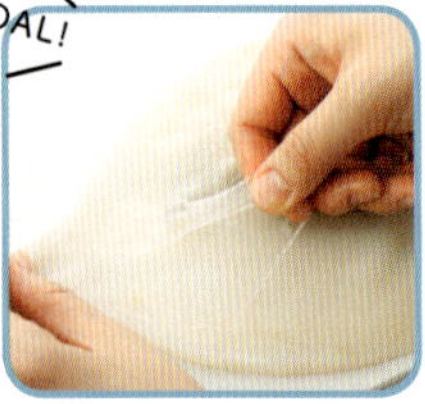

7 胴を切り開く

いかの下処理完成！

胴は縦に切り込みを入れて開き、内側の薄皮や汚れなどを取り除く。

memo

いかの保存のこと

いかを保存するときは、ワタと軟骨を取り除き、洗って水けを拭いてからチルド室で保存を。また、おろしたあと、胴体、エンペラ、足に分け、氷水にくぐらせてから冷凍すると◎。チルド室で5日間、冷凍で1カ月程保存可能です。

いかの皮をむく

STEP 1

皮をむく

エンペラをはずしたところから引っぱりながら皮をむく。

»

STEP 2

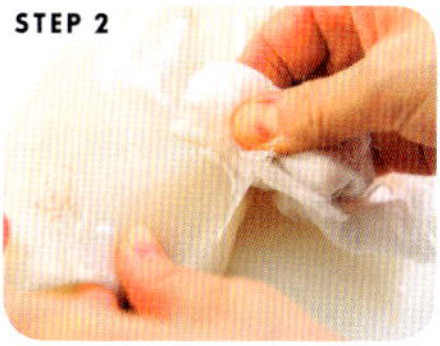

薄皮をむく

余分な薄皮は、乾いた布巾やペーパータオルなどを使うと取りやすい。

memo

いかの皮は4枚ある!?

いかの皮は４層あり、１枚目と２枚目の間に黒褐色の色素が点在しています。３枚目は透明の皮で、４枚目はコラーゲン繊維が縦に走っています。

いかの足の処理

STEP 1

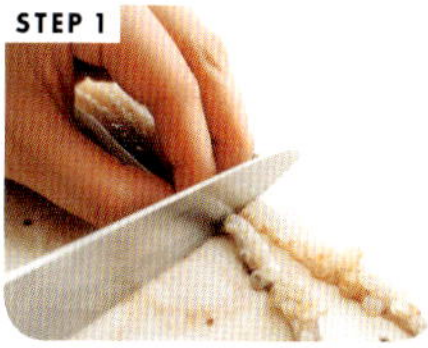

足を切り揃える

足は、長い足２本と残り８本の足先を同じ長さに切り揃える。

»

STEP 2

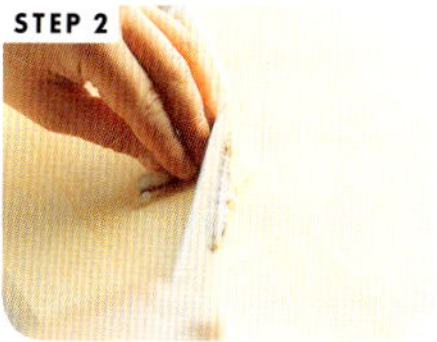

吸盤を落とす

かたい足先と吸盤は包丁を使ってそぎ落とす。

memo

吸盤は取るの？

かたくて口当たりが悪い、いかの吸盤は包丁でこそげ取りましょう。ペーパータオルなどで包むようにして　吸盤をしごいても取れます。

胴に切り目を入れる

斜めに切り目を入れる

皮側に包丁を垂直にして斜めに切り目を入れる。

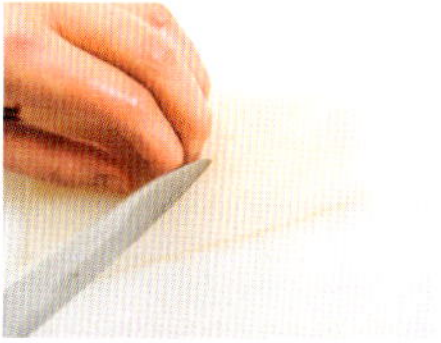

格子状に切り目を入れる

皮側に包丁を垂直にして格子状に切り目を入れる。包丁を斜めに寝かせる方法も。

memo

切り目を入れる目的

いかは加熱すると皮側に丸まります。皮側に切り目を入れると丸まりを防ぎます。また、噛み切りやすくなり、見た目も華やかに。

10 えびの下処理

背ワタを取る（有頭）

頭と一緒に取る

有頭えびは頭を折り曲げるようにして引っぱり、一緒に背ワタも取り除く。

背ワタを取る（無頭）

背に竹串を刺して取る

無頭えびは背を丸くして竹串を刺して取り除く。殻つきは殻と殻の間から取る。

memo

むきえびの背ワタは？

背ワタはえびの腸にあたる部位のため、残しておくと生臭くなります。最近のむきえびは背ワタのないものが多いですが、あったら取りましょう。

殻をむく

頭の方からむく

頭側の足から指を入れ、ぐるっと回してむくと足も一緒に取れる。

天ぷらの下処理（けん先を切る・尾をしごく）

»

けん先・尾先を切る

けん先と尾の先を包丁で切り落とす。

尾をしごく

尾を広げ、尾の中の水を包丁の先でしごき出す。こうすると揚げる際にはねない。

切り目を入れる

腹側の筋を切る

腹側の関節に切り目を3～4カ所入れ、背側を指で押してまっすぐに伸ばす。

腹開き

腹側に切り目を入れる

えびの腹側を上に向けて置き、尾から頭の方に向かって切り目を入れて開く。

memo

切り目を入れる理由

天ぷらやフライなど、えびを丸めずにまっすぐ揚げるには、腹側の関節に等間隔で浅い切り目を入れます。火を通したときに、えびが曲がりません。

11 貝類の下処理

あさりの下処理

STEP 1

»

STEP 2

3%の塩水につける

海水程度の3%の塩水につけ、新聞紙などをかぶせて暗くし、3時間以上おく。

砂抜き後はこすり洗い

砂を吐かせたら、貝の表面同士をこすりつけながら水洗いし、汚れなどを落とす。

しじみの砂抜き

真水か薄い塩水に

しじみは湖で採れるため真水であさり同様に砂抜きを。また、1%程度の塩水につけることも。

かきを洗う

STEP 1

»

STEP 2

塩水でふり洗い

かきはひだのところに汚れなどが溜まりやすいため、塩水でよくふり洗いする。

水けを拭き取る

ペーパータオルなどでよく水けを拭き取る。揚げ物にするときは特にしっかり。

memo

大根おろしを利用

大根おろしに含まれる酵素が、かきの表面のたんぱく質を分解し、ぬめりを取り除きます。また、大根おろしを使うと、うまみを逃さずに汚れも取れます。

むき身を洗う

ふり洗いする

むき身はザルに入れて水を溜めたボウルの中でふり洗いし、汚れを落とす。

memo

砂抜きするときの塩の量はどうして違うの?

あさりとしじみは生息する場所が異なります。しじみは海水と淡水の混ざった汽水域で、塩分濃度が0.3〜0.5%くらいのところで生息しています。一方、あさりは3%以上の海水で生息しています。そのため、生息する環境の塩分濃度より少し濃い濃度で行うのがよいとされています。

12 かにをさばく

START!

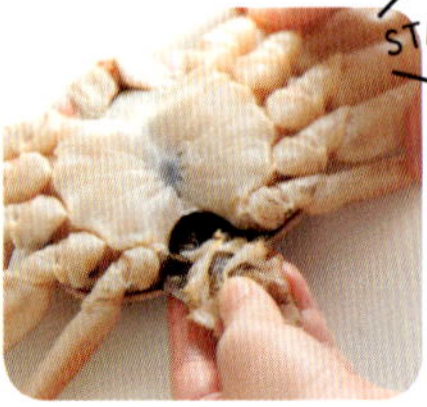

1 ふんどしをはずす

ゆで上がったかには、腹側を上にして置き、ふんどしを手ではずす。

2 腹に切り込みを入れる

包丁の切っ先で腹のまん中に、甲羅を切らないように切り込みを入れる。

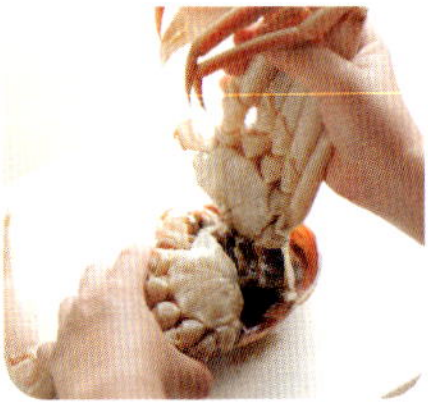

3 甲羅から足をはずす

足を持ち、引っぱって甲羅からはずす。甲羅のみそが残るようにする。

4 足を切り離す

足のつけ根のやわらかい関節部分に包丁を入れ丁寧に胴体から切り離す。

5 内臓などを取る

胴体についている内臓やガニ（えらのようなもの）などを取り除く。

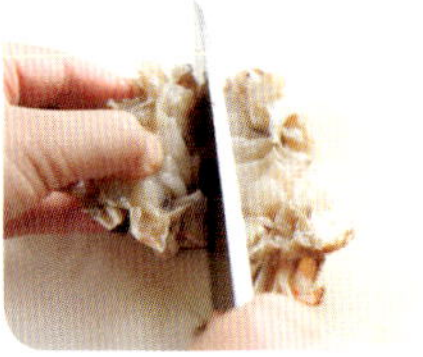

6 胴体を2つに開く

割った胴体の断面のまん中に包丁を入れて開き、身を取り出す。

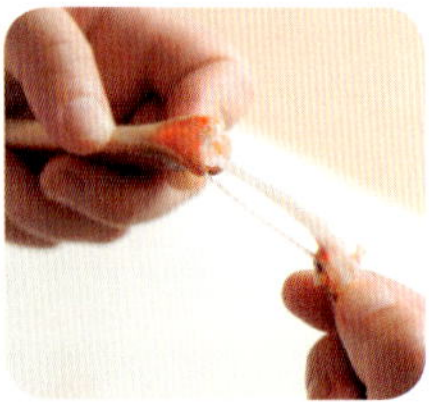

7 関節を折り、筋を抜く

足のまん中の関節部分を手で折り、引っぱって長い筋を抜く。

GOAL!

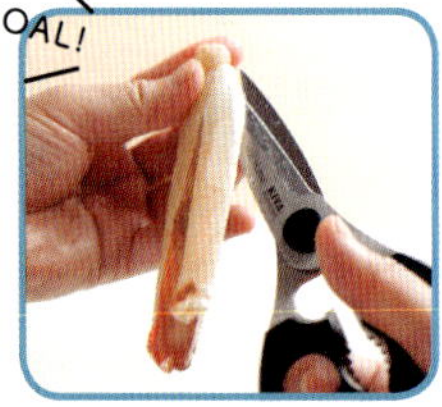

8 はさみを入れる
かにの下処理完成！

足の端からはさみを入れる。太い足は切り込みを2本入れて殻をむく。

memo

かにの種類

日本の食用かにといえば、たらば、ずわい、毛がにが有名。松葉がに、越前がには、ずわいがにですが、獲れる場所によって呼び名が異なります。

COLUMN

刺身のあしらいのこと

あしらいは、刺身を華やかに見せるだけでなく、生臭さを解消したり、食感に変化をつけるなど、刺身がよりおいしくなります。

1 あしらい

けん・つま・薬味と呼ばれ、刺身に敷いたり添えたりします。口直しや消化を助けます。

大根のけん

刺身のつまの定番。器の一番奥にこんもりと盛りつける。

きゅうりのけん

刺身のつまの一種。大根のけんが一般的だが、きゅうりの緑がきれい。

防風

セリ科の植物で独特の香りと淡い辛みが特徴。写真はいかり防風。

食用菊（小菊）

小菊は殺菌作用があるうえ、刺身に添えるだけで明るく豪華に。

みょうがのせん切り

みょうがを縦半分に切り、芯を除いてせん切りにし、水にさらす。

花穂じそ

開花しはじめたしその花穂。ほんのりと紫がかったピンクがきれい。

紅たで

鮮やかな赤紫は刺身を引き立てるだけでなく、におい消しにも。

赤芽じそ

香りが強く、ほんのり梅干しのような風味が特徴。

よりにんじん

かつらむきにし、斜めに細切りにして水にさらし、箸に巻いたもの。

Q 肉をせん切りにする、どう違う？

A 繊維を断ち切るように切る

〈切り方〉
繊維を断つように細長く切る。

炒める

OK!

△

炒めているあいだに
肉がほぐれる。

/ ボロボロになるが
やわらかい食感に！ \

B 繊維に沿って切る

〈切り方〉
繊維に沿って細長く切る。

炒める

OK!

見た目で

炒めても形が変わらず、
きれいな仕上がりに。

/ 噛み応えあり
おいしそう！ \

肉の繊維はかたいので
用途や年齢に応じて

野菜と同様に肉にも繊維が走っています。肉の繊維は長くてかたいので、用途や食べる人の年齢によって切り方を変えてみましょう。例えば、チンジャオロースーなど薄切り肉を細長く切るときは、繊維に沿って切ると、炒めてもほぐれにくくきれいに仕上がります。子どもやお年寄りには、繊維を断ち切るように切る方が食べやすいでしょう。

肉のつけ方徹底検証②

Q レバーの血抜き、どう違う？

A 牛乳につける

〈つけ方〉
レバーをさっと水洗いして牛乳につける。

10分後

OK!

△

レバー特有のにおいはしない。

＼においは取れるが水とあまり変わらない……／

B たっぷりの水につける

〈つけ方〉
レバーをさっと水洗いしてたっぷりの水につける。

10分後

OK!

手間で

水でもほとんどにおいはしない。

＼十分においは取れる！／

レバーの臭みは水で十分取れる

レバーは水洗いでも多少の臭みは取れますが、特有のにおいが苦手な人は、しっかり下処理をしておきたいものです。以前はにおいを取るために、牛乳につけていましたが、最近では鮮度のよいレバーが出回るようになったため、たっぷりの水につけるだけでも十分に臭み抜きはできます。わざわざ牛乳につける必要はありません。

肉の 下処理

そのほかの下処理

レバーの血抜き

レバーは、調理する前に血抜きをして臭みを取る。

筋切り

肉の筋は加熱によって縮むので、筋に切り込みを入れておく。

観音開き

厚みのある鶏むね肉などは、火が通りやすいように平たく開く。

下処理の目的

① やわらかくして食べやすくする

肉の繊維を断ち切るように切ると肉がやわらかくなる。

② 火を通しやすくする、縮みを防ぐ

肉をたたいて縮みを防いだり、皮に穴をあけ火の通りをよくする。

肉をやわらかく、血生臭さを取り除く

肉の下処理は、切り込みを入れる、たたく、穴をあける程度で、魚ほど手間がかかりません。肉をやわらかくするには、肉の繊維を断ち切るように切ること。また、とんかつ用などの厚切り肉は、包丁の背でたたくと火が通りやすくなり、筋切りをすることで縮まずそり返りを防ぎます。レバーはしっかり血抜きをすることで臭みが取れます。

筋繊維やコラーゲンの筋を断ち切る

肉のたんぱく質を知り、食べやすく下処理をする

肉には、筋繊維や筋肉が集まる結合組織が多いかたい部分があります。この部分をやわらかく食べられるように、下処理が必要になります。肉全体をやわらかくするためには、調理する前に肉たたきや包丁などでたたくとよいでしょう。たたくことによって、かたい筋肉組織が破壊され、肉がやわらかくなって食べやすくなります。

筋繊維とコラーゲンの筋を断つ

筋繊維を断ち切る

繊維を断ち切るように切るとやわらかくなるが、加熱するとほぐれてしまうことも。

筋切りをする

加熱によって起こるそり返りを防ぐ。厚切り肉などは4～5カ所切り込みを入れるとよい。

肉たたきでたたく

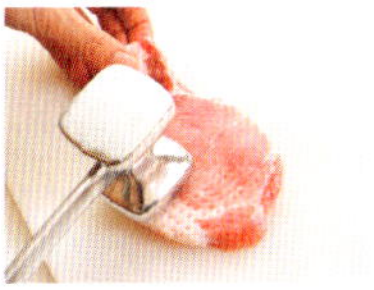

肉たたきなどで肉をたたき、筋繊維や結合組織を破壊すると肉自体がやわらかくなる。

レバーの血抜きは水で

牛乳でなくても十分においは取れる

レバーのにおいの元は、中に溜まっている血液と胆汁酸です。かたまりのままでなく、先に切ってからたっぷりの水や流水につけておくといいでしょう。数回水を替えるのもポイント。

たっぷりの水に5～10分ほどつけ、軽く混ぜながら汚れや血を取る。

肉編

肉は、余分な脂や皮を取る、筋切りをするなどの下処理をすることで、調理がしやすくなります。また、用途によって切り方を工夫すると食感に変化ができます。

1 肉の下処理

鶏肉

余分な脂を取る

黄色みを帯びた余分な脂は、臭みの原因にもなるため包丁を使ってそぎ取る。

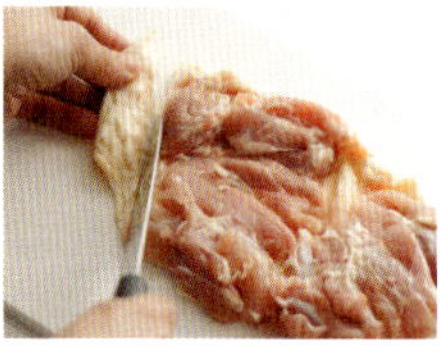

余分な皮を取る

はみ出した余分な皮や、白い筋、軟骨は包丁で丁寧に取り除く。

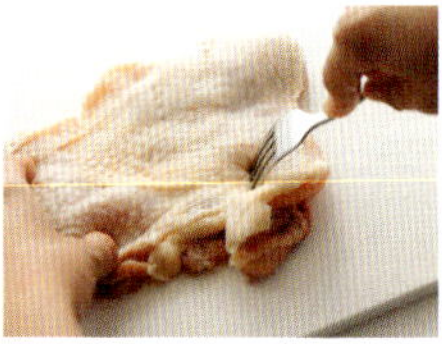

皮に穴をあける

フォークで数カ所刺して穴をあける。縮みを防ぎ、仕上がりがよくなる。

身側もフォークで刺す

裏側も同様にフォークで穴をあけると、さらに火の通りや味のしみ込みがよくなる。

ささみの筋を取る

筋に沿って切り目を入れ、筋を持ち、包丁で肉を押さえて引っぱるように取る。

memo

皮に穴をあける理由

鶏肉の皮にフォークなどで数カ所穴をあけると、火の通りや味がしみ込みやすくなります。また、皮の縮みやそり返りを防ぎます。

豚肉・牛肉

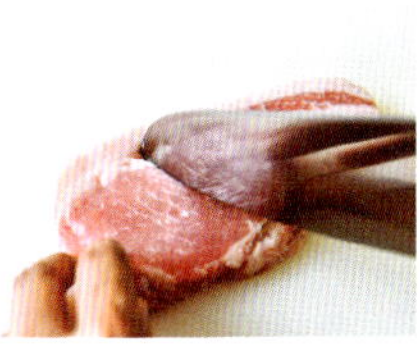

筋切りする

豚肉の脂身と赤身の間に切り込みを入れて筋を切る。厚みがある場合は裏も同様に。

たたく①

包丁でたたく

包丁の背で軽くたたいて広げる。肉が縮むのを防ぎ、火が通りやすくなる。

たたく②

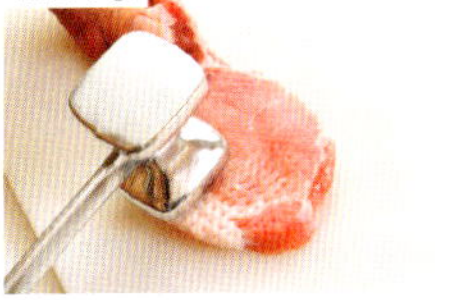

肉たたきでたたく

肉たたきがあれば、重みがあり、面積が広いのでラク。瓶を使っても。

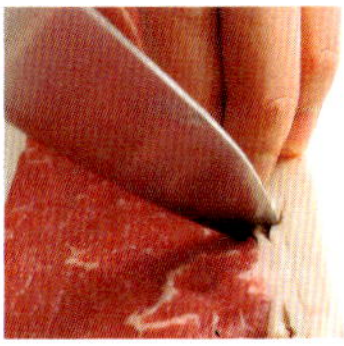

筋切りする

牛肉の脂身と赤身の間に切り込みを入れて筋を切る。肉の縮み、そり返りを防ぐ。

ステーキ肉は室温におく

30分程室温におく。表面と中の温度差がなくなり、均一に火が通る。

memo

筋の主成分は?

肉の筋は、かたい繊維状のたんぱく質で、主成分はコラーゲンです。コラーゲンは加熱によって縮むため、通常筋切りをします。

memo

肉の筋線維と結合組織

肉は筋肉の細胞である筋線維と、その筋線維を束ねる結合組織の膜で構成されています。結合組織の主成分はコラーゲンで、結合組織の量が多いほど、肉質はかたくなります。筋線維が太いか細いかで、肉のきめ細かさが違います。筋線維が太く筋張っているときめが粗く、筋線維が細いときめが細かくなります。この違いは動物の運動量で差が出ます。

2 肉を切る

鶏肉

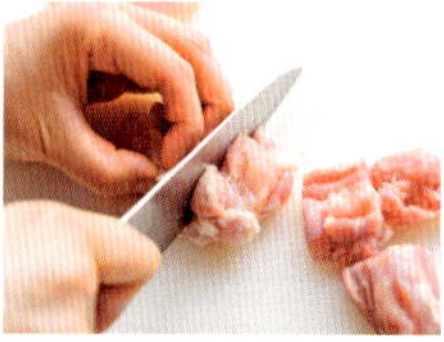

3cm角に切る

皮を下にして3cm角のひと口大に切る。から揚げや水炊きなどに。

むね肉をそぎ切りにする

包丁を寝かせ、手前にそぐようにして切る。表面積が広がり火の通りがよくなる。

memo

皮目を下にする

鶏肉は皮を上にすると切りにくく、皮が肉からはがれてしまうことも。皮つきの鶏肉を切るときは、皮を下にして切りましょう。

薄切り肉

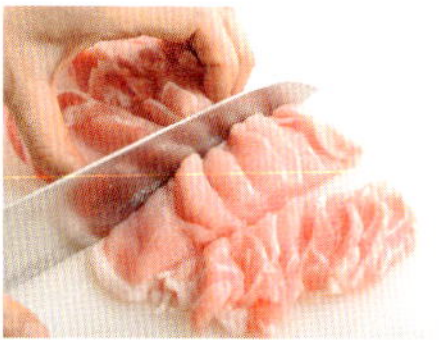

3cm幅に切る

丁寧に広げてから3cm幅くらいのざく切りにする。野菜炒めや煮物などに。

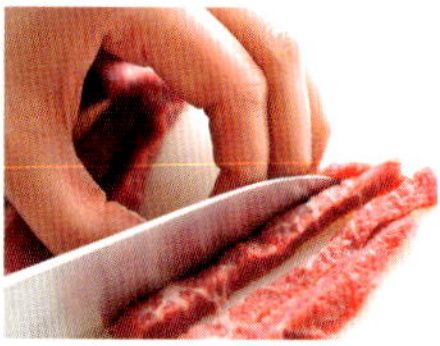

細切りにする

端から6～7㎜幅の細切りにする。チンジャオロースーなどの炒め物に。

memo

端を広げて切る

薄切り肉は、切り方によってはちぎれてしまいます。折りたたんであるものは、端を広げてから切るときれいに切れます。

厚切り肉

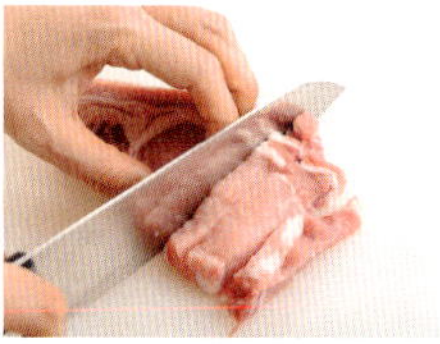

1cm幅に切る

ロース厚切り肉は繊維を断ち切る方向に1cm幅に切る。炒め物に。

かたまり肉

半分に切る

鍋やフライパンに入らない場合、半分くらいに切る。ゆで豚や焼き豚などに。

2cm幅に切る

端から2cm幅くらいに切る。豚の角煮やトンポーローなどの煮込み料理に。

3 内臓の下処理

砂肝

START!

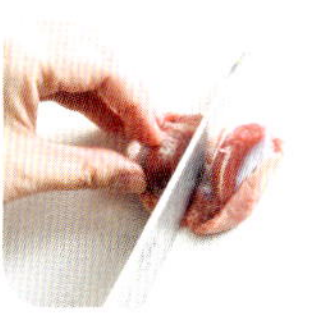

1 砂肝を2つに切る

砂肝のまん中に包丁を入れて2つに切る。

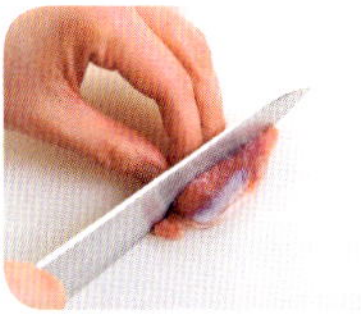

2 縦半分に切る

こぶのように盛り上がっているところを縦半分に切る。

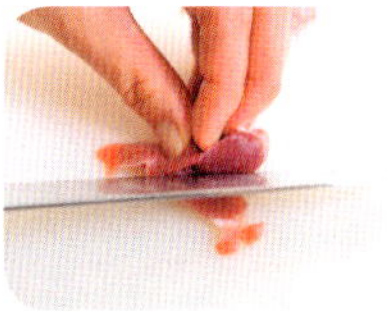

3 身のきわに包丁を入れる

身と皮のきわに包丁を入れ、身をそぎ取るように包丁を切り進める。

4 切り離す

身と皮を切り離し、反対側も同様に身をそぎ取るように皮を切り離す。

GOAL!

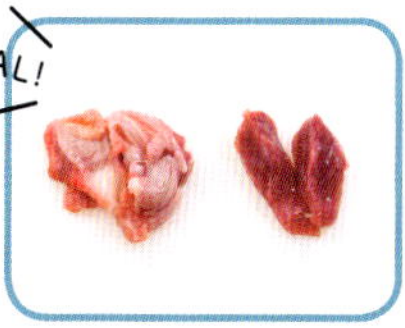

砂肝の下処理完成！

皮（左）は細かく包丁を入れ、煮込み料理などに、身（右）は炒め物などに。

memo

まとめて下処理が◎

内臓の下処理はまとめて行いましょう。特に砂肝は手間がかかるので、一度にまとめて下処理をして保存すると便利です。

レバー

START!

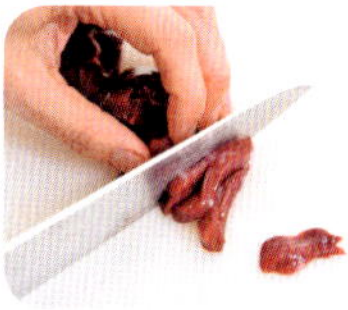

1 レバーを切る

料理に合わせてレバーを切る。5㎜幅くらいの薄切りが使いやすい。

2 水につける

たっぷりの水に、切ったレバーを5〜10分つけ、血や臭みを取る。

GOAL!

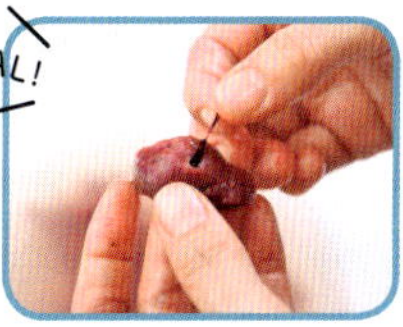

3 汚れを取る

血のかたまりや汚れなどがあったら丁寧に取り除く。

Q かたまり肉をゆでる、どっちが正解？

A 水からゆでて、ゆで汁につけたまま冷ます

〈ゆで方〉
豚肉は香味野菜と一緒に水からゆるやかに加熱して40分ほどゆでる。

40分ゆでる
ゆで汁に
つけたまま冷ます

OK!

食感で

肉の表面はしっとり
していて弾力もあり。

／しっとり、ジューシー！＼

B 熱湯からゆでて、すぐにザルに上げる

〈ゆで方〉
沸騰した湯に肉と香味野菜を入れて40分ほどゆでる。

40分ゆでる
すぐにザルに上げ
冷ます

NG!

水分が抜けて
表面がカサカサ。

／パサパサ、筋っぽい……＼

水からゆっくり加熱して身のしまりを防ぐ

かたまり肉をゆでるときは、水から弱めの中火でゆるやかに加熱して、中までじっくり火を通しましょう。火力が強すぎると肉の表面がしまり、かたくなります。ゆでたあとはゆで汁につけたまま冷まします。冷めるときに肉がゆで汁を吸収しながら収縮するため、肉がしまりすぎずしっとり仕上がります。ゆですぎは肉がかたくなるので注意しましょう。

肉のゆで方徹底検証②

Q 薄切り肉をゆでる、どっちが正解？

A 強火で一気にゆでる

〈ゆで方〉
ぐらぐらと沸騰した湯でゆでる。

1～2分後

NG!

×

肉がしまり、
かたくパサつく食感。

／肉汁がなく、かたい！＼

B 弱火で静かにゆでる

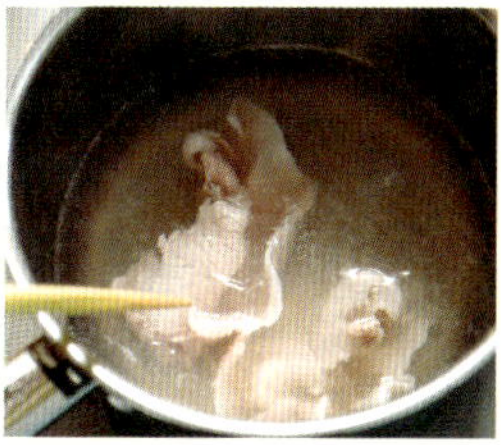

〈ゆで方〉
静かに沸騰する湯でゆでる。

1～2分後

OK!

食感で ○

やわらかく、
プルッとした食感。

／肉汁があってやわらかい！＼

静かに沸いた湯でさっとゆでてやわらかく

肉のたんぱく質は65℃で凝固しはじめるため、湯の温度が高いと一瞬で筋繊維がしまり、肉汁が流出してしまいます。薄切り肉は、弱火で静かにさっとゆでましょう。湯の温度が低い（65℃くらい）と、筋繊維のしまりがゆるく、やわらかく仕上がります。また、冷しゃぶなどは、氷水につけすぎるとかたくなるので、さっとくぐらせる程度に。

Q まぐろをゆでる、どっちが正解？

A まぐろを熱湯にくぐらせる

〈ゆで方〉
表面が白っぽくなるまでさっと熱湯にくぐらせる。

20秒後

OK!

うまみで○

表面が白っぽく、
中は赤紅色。

／中身がレアで
うまみを感じる！＼

B まぐろを1分ゆでる

〈ゆで方〉
沸騰した湯で中までゆでる。

1分後

NG!

×

ゆですぎは、
中まで白くてかたくなる。

／パサパサで
うまみもない……＼

熱湯にさっとくぐらせうまみを封じ込める

まぐろは、たらや鯛と違い、しっかりとゆでる調理には向きません。ゆですぎるとパサパサでうまみも抜けてしまうので、まぐろは表面だけさっとくぐらせる程度の霜降りがベストです。身がやわらかいので表面を軽くかためてうまみをとじ込めると、表面は白色、断面が赤紅色の対比が美しく、口当たりの変化がおいしい刺身になります。

Q いかをゆでる、どっちが正解？

A いかを1～2分ゆでる

〈ゆで方〉
短時間でさっとゆでる。

1～2分後

OK!

食感で

ゆでたあとは冷水にとり、
よく水けをきる。

／やわらかくて、おいしい！＼

B いかを10分ゆでる

〈ゆで方〉
熱湯でしっかりゆでる。

10分後

NG!

ゆですぎて身がしまり、
変色する。

／かたくて噛み切れない……＼

さっとゆでて表面を加熱 中は半生状態にする

いかやたこに火を通すときは、短時間の加熱が基本です。加熱のしすぎは身がしまり、ゴムのようにかたくなります。さっとゆでて表面の色が変わったところで火を止め、中を半生状態にして食べましょう。ゆでたあとに冷水にとると、余熱によって身が収縮するのを防止します。水っぽくならないように水けをよくきることもポイントです。

肉・魚介を ゆでる

たんぱく質を凝固させる

ゆでる調理法は？

かたまり肉をゆでる

ゆるやかに沸騰した湯で鶏肉20分程、豚肉1時間程ゆでる。

魚をゆでる・霜降り

表面の色が変わる程度に加熱し、すぐ冷水にとって水けをきる。

しゃぶしゃぶ

すすぐように短時間でゆでると、パサつかずやわらかくなる。

ゆでる目的

① たんぱく質を凝固させる

口当たりや風味、味などが変化しておいしくなる。

② 脂やアクを抜く

余分な脂を落としたり、アクを取り除くことができる。

脂やアクを取り除きながら火を通す

肉や魚介をゆでると、脂やアクが浮かび上がります。アクの成分は主にたんぱく質ですので、加熱によって固まってきます。ある程度まとまったらすくい取りましょう。火力が強いとアクが汁の中に散ってしまうので、ゆるやかに沸騰する程度（85〜90℃）で加熱するのがコツ。また、豚肉は寄生虫の心配があるのでしっかり火を通しましょう。

たんぱく質の凝固温度を知る

肉・魚介のたんぱく質を知り、食べやすく下処理を

肉や魚介は、それぞれたんぱく質が凝固する温度が異なります。肉は65℃、魚介は40〜60℃程度です。肉の場合、火力が強すぎると筋繊維がしまり、肉汁が流出してかたくなります。湯温が低い程、やわらかくゆで上がります。魚介は肉よりも低い温度でゆでましょう。特にいかやたこは、ゆですぎるとかたくなり歯触りが悪くなります。

肉・魚介の凝固温度

肉（牛・豚・鶏）	魚（ぶり・さば）	魚介（いか・たこ）
65℃	40〜60℃	40〜60℃

肉・魚介をやわらかく仕上げるコツ

ゆるやかに加熱する

ゆるやかに加熱していき、ぐらぐら煮立たせないことがポイント。

熱湯でさっと火を通す

しゃぶしゃぶや魚介は、湯にくぐらせて表面の色が変わる程度でOK。

かたまり肉はゆで汁につける

ゆで汁につけたまま冷ますと、肉がしまりすぎずしっとりと仕上がる。

肉・魚介編

さっと下ゆでする、しゃぶしゃぶする、霜降りするなど、ゆで方もさまざま。食材や料理に合ったおいしいゆで方を覚えましょう。

1 肉をゆでる

鶏肉（ゆで鶏）

STEP 1

水と昆布を入れて火にかける

和風のゆで鶏は鍋に鶏肉、昆布、かぶるくらいの水を入れて強火にかける。

»

STEP 2

アクを取りながら20分ゆでる

沸騰したら弱火にし、アクを取りながら20分程ゆでる。

»

STEP 3

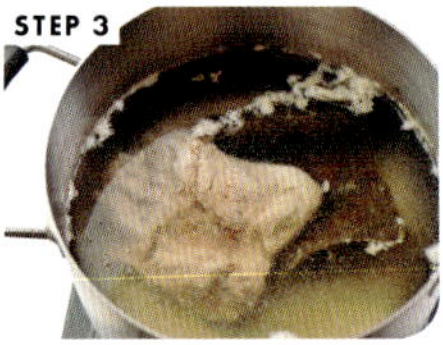

そのまま冷ます

ゆで上がったらすぐに取り出さず、そのまま冷めるまでおく。

memo

ゆで汁は捨てない

ゆで汁は昆布のだしや肉汁で、濃厚なスープができます。一度冷ましてから表面に固まった脂を取り除いて漉して使いましょう。

豚かたまり肉（ゆで豚）

水からゆでる

鍋に肉、かぶるくらいの水、ねぎの青い部分、しょうがなどを入れて１時間程ゆでる。

豚薄切り肉

熱湯にくぐらせる

沸騰直前（90℃）の湯に入れ、表面の色が変わったらすぐ引き上げる。

2 魚介をゆでる

魚

表面を固める

熱湯を回しかけて表面を固める。うまみを逃さず、歯触りの違いを楽しむ。

霜降りにする

表面を固める程度にさっと熱湯にくぐらせる。ぬめりや臭みなどを取る。

memo

湯引きって?

湯引きとは、肉や魚を熱湯にくぐらせるなど、食材の表面だけに熱を通すことをいいます。生臭さや表面の脂を取ることができます。

いか

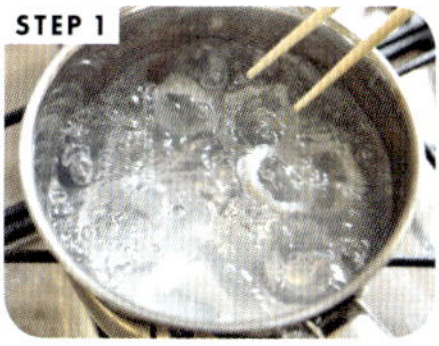

切ってから入れる

輪切りなど、料理に合わせて切ってから沸騰した湯に入れる。

»

さっとゆでる

いかはゆですぎるとかたくなってしまうため、1～2分程ゆでて取り出す。

memo

冷凍いかはそのまま

冷凍いかは、流水でも簡単に解凍できますが、凍った状態でゆでることも可能。ただし、ゆですぎると身がかたくなるので注意。

えび

殻つきでゆでる

えびは身が縮みやすいため、背ワタを取り除き、殻つきのままゆでる。

竹串をさしてゆでる

料理に合わせ、えびの背を曲げたり伸ばしたりした状態で竹串を刺してゆでる。

memo

殻つきでゆでるのは?

殻つきのえびは、そのままゆでた方が、身の縮みが少なく殻がむきやすくなります。ただし、ゆですぎると身がかたくなるので注意。

Q 豆腐の水きり、どう違う？

A 布巾に包み、重しをする

〈水きり方法〉
布巾やペーパータオルに包み、つぶれない程度に重しをする。

30分～
1時間おく

OK!

食感で

形はきれいなまま、
水きり完了。

／約50ｇ水きり！＼

B 手でちぎって熱湯でゆでる

〈水きり方法〉
適当にちぎった豆腐を熱湯で3分程ゆで、ザルに上げる。

3分後

OK!

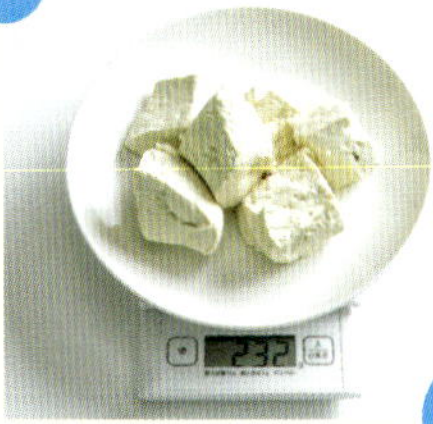

手軽さで

水分はしっかり抜けている。

／約70ｇ水きり！＼

作る料理によって水きり方法を変える

豆腐を水きりする理由は、豆腐から出た水分で料理が水っぽくなるのを防ぐためです。時間がかかりますが、清潔な布巾に包み、重しをのせて水きりすると、豆腐のなめらかな食感を生かせるので、白あえの衣などに適しています。また、ちぎってから熱湯でゆでるのは、風味がやや落ちますが急ぐときや、衛生的なので給食など大量調理のときに用いられることが多いようです。

大豆製品の下処理徹底検証②

Q 油揚げの使い方、どう違う？

A 油抜きをしてから使う

〈使い方〉
さっと熱湯をかけて油を抜き、短冊切りにする。

みそ汁に加える

OK!

△

油分カットでヘルシーな仕上がり。

／あっさりとした風味！＼

B 油抜きをしないで使う

〈使い方〉
そのまま短冊切りにして、みそ汁に投入する。

みそ汁に加える

OK!

手軽さで

浮いた油分をすくい取ればヘルシーに。

／油は浮いているけどコクがある！＼

油のにおいが気になる場合は熱湯で油抜きを

一般的に油揚げは油抜きをするものと認知されていますが、それは古い油で揚げていた昔の話。現在の油揚げは、新しい油で揚げているので、油抜きする必要はありません。ただし、油浮きをさせたくない料理のときは、熱湯をさっとかけて油抜きを。いなりずしなど煮上がりをしっとりさせるためには、ゆでて油を抜いてから使いましょう。

豆・大豆製品の
下処理

アクや水分を抜いて
食べやすく

下処理の種類

豆をゆでる

大豆や小豆、黒豆など乾物の豆をゆでてやわらかくする。

豆腐の水きり

布巾に包み重しをのせる、ちぎって熱湯でゆでて水分を抜くなど。

油揚げの油抜き

熱湯を回しかける、またはペーパータオルで油分を吸い取る。

下処理の目的

① ゆでてやわらかくする

大豆や小豆はゆでることでやわらかくなる。加熱中はアクを取る。

② 水分を抜いて調理に使う

豆腐は約90％が水分。白あえなどは水分を抜いて調理しないと水っぽくなる。

豆は戻してからゆで、大豆製品は水分を抜く

一般的に乾物の大豆や黒豆は、吸水させて戻してからゆでます。ただし、小豆やレンズ豆、白花豆は吸水させずにそのままゆでましょう。大豆や白花豆はアクが強いのでこまめにアクを取り除くこと。また、黒豆に含まれるたんぱく質のグリシニンは塩水に溶ける性質があるため、しょうゆを加えた水で戻し、そのまま煮ることで早くやわらかくなります。

水きり、油抜きの必要性

料理の仕上がりを想像して適切な下処理を

豆腐や油揚げは、料理によって水きりや油抜きが必要です。豆腐を焼いたり炒めたりする料理は、しっかり水きりすることがポイント。豆腐から水分が出て料理が水っぽくなります。また、油揚げや厚揚げは基本的に油抜きが不要ですが、いなりずしなどの油揚げを煮るときは、油抜きすると、しっとり仕上がります。

豆腐の水きりの種類	**紙タオルに包んでまな板ではさむ** ペーパータオルや布巾に包み、まな板ではさんで30分～1時間おく。約50％の水分が抜ける。	**ちぎってしばらくザルにおく** ちぎった豆腐をザルにのせ20分程おく。ある程度水分を残す料理に。	**ゆでて水きりする** 沸騰した湯に豆腐をちぎり入れて3分程ゆでてザルに上げる。または、電子レンジで3分程加熱でもOK。
料理	豆腐ステーキ 豆腐ハンバーグ など	煮物 鍋料理 など	白あえ ちゃんぷるー など

油抜きは不要？ 必要？

みそ汁のとき

みそ汁に使う場合は油抜き不要。油が少し浮くので好みで油をすくい取る。

焼くとき

油抜きをせずそのまま焼くと、より香ばしくなる。油をひかずに焼くこと。

煮るとき

いなりずし用に煮る場合は、油抜きするとしっとり煮上がるので必要。

豆・大豆製品編

豆は種類によってゆで方が異なるので、おいしくゆで上がるコツを覚えましょう。豆腐の水きりも料理によって方法が異なります。

1 豆をゆでる

大豆

戻した大豆をゆでる

大豆は水で戻し、戻し汁ごと強火にかけ、煮立ってきたら火を弱める。

»

アクを取る

ふきこぼれない程度の弱火で、アクを取りながら40分～1時間ゆでる。

»

差し水をする

ゆで汁が常に豆にかぶっているように保つため、差し水をする。

レンズ豆

戻さずに熱湯でゆでる

戻す必要はなし。軽く水洗いし、豆の約3倍量の熱湯で15分程ゆでる。

小豆

戻さずそのままゆでる

鍋に小豆とかぶるくらいの水を入れ、強火にかける。沸騰後は静かにゆでる。

ゆでこぼさずに煮る

小豆はアクが少ないので、ゆでこぼしをすると風味が失われてしまう。

2 豆腐の水きり

水切り①

STEP 1

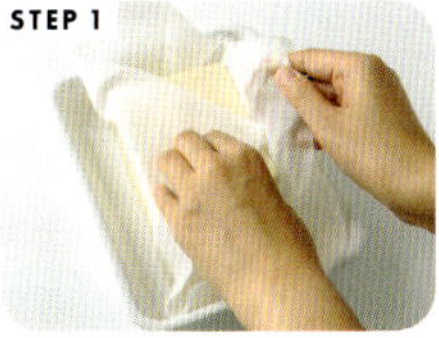

ペーパータオルに包む

乾いたペーパータオルや布巾などで豆腐を包む。

»

STEP 2

重しをのせる

バットなどの上に豆腐を置き、２倍量くらいの重しをのせ、30分～１時間おく。

水切り②

ちぎってザルにおく

ボウルにザルをセットし、ちぎった豆腐をのせて20分程おく。

水切り③

STEP 1

ゆでる

沸騰した湯に手でちぎった豆腐を入れて３分程ゆでる。

»

STEP 2

ザルに上げる

ザルに上げて10分程おき、水けをきる。

水切り④

電子レンジで水きり

乾いたペーパータオルで豆腐を包み、耐熱皿にのせて３分程加熱する。

memo

豆腐の種類と使い分け

豆腐には、豆乳に凝固剤を加えて固めた絹ごし豆腐と、木綿布を敷いた箱型に凝固剤を加えた豆乳を流して固めた木綿豆腐があります。冷や奴やみそ汁には、なめらかな食感の絹ごし豆腐を。豆腐ステーキやちゃんぷるーなどの料理には、大豆の風味が際立ち、しっかりとした食感がある木綿豆腐が適しています。必ず水きりをしてから使いましょう。

3 豆腐・油揚げの切り方

豆腐4つ切り

縦横に切る

豆腐を縦半分に切り、横半分に切る。冷や奴、湯豆腐などに。

豆腐2cm角

厚さを半分に切る

包丁を寝かせ、豆腐を半分の厚さに切る。

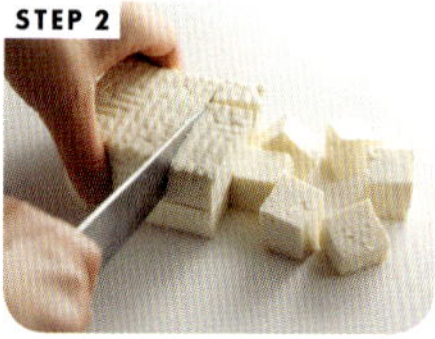

2cm角に切る

縦3等分に切り、2cm角になるように端から2cm幅に切る。麻婆豆腐などに。

豆腐1cm角

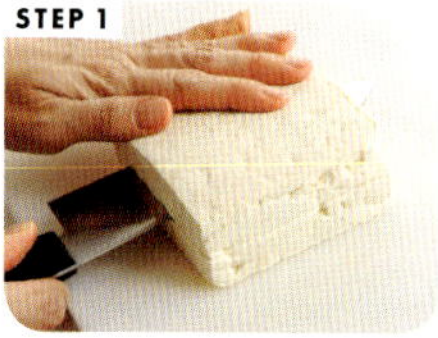

厚さを半分に切る

包丁を寝かせ、豆腐を半分の厚さに切る。厚みがある場合は、3等分に切る。

1cm幅に切る

端から1cm幅に切る。

1cm角に切る

豆腐の向きを変え、1cm角になるように端から1cm幅に切る。みそ汁などに。

油揚げ（短冊切り）

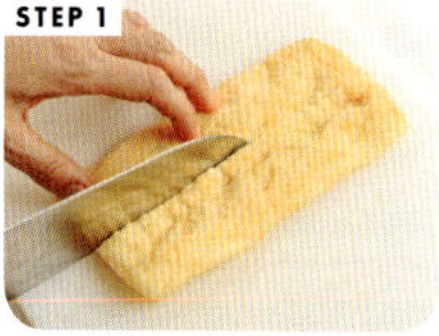

縦半分に切る

油揚げを縦に置き、縦半分に切る。

1cm幅に切る

縦半分に切った油揚げを重ねて向きを変え、端から1cm幅くらいに切る。

memo

油揚げを開くときは

いなりずしや巾着を作るときに油揚げを開いて袋にしますが、菜箸などで油揚げの表面をころころと転がすときれいに開きます。

下処理カタログ

卵編

卵を使うときは、冷蔵庫から出して室温に戻しておきましょう。まずは、卵料理をおいしく作る下処理を覚えましょう。

1 卵の下処理

カラザを取る

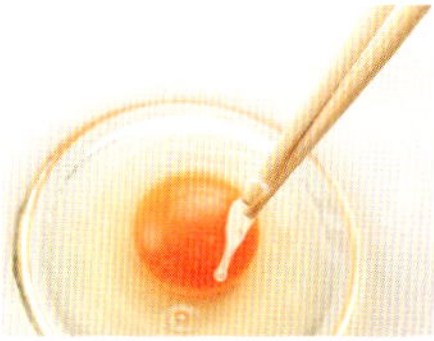

箸でカラザを取る

口当たりや見た目が気になる場合は、箸でつまみ取る。食べても問題はない。

卵黄と卵白を分ける

殻を使って分ける

ボウルの上で卵の殻を割り、卵黄のみを片方の殻に移すようにして白身を落とす。

卵を溶きほぐす

オムレツなら

ボウルに卵を割り入れ、空気を含ませるように混ぜながらほぐす。

卵焼きなら

ボウルの底に箸をつけたまま前後左右に動かす。卵白も切れ、泡立たない。

memo

卵の性質を利用する

卵には起泡性、熱凝固性、乳化性の性質があります。メレンゲのように泡立ちやすい性質を起泡性、プリンのように熱を加えることで固まる性質を熱凝固性、マヨネーズのように水と油を混ぜ合わせて、クリーム状になることを乳化性といいます。

COLUMN

卵白や生クリームはどうして泡立つ?

卵白は攪拌すると泡の膜を作ります。これは、球状のたんぱく質が変性を起こし、空気を抱き込むため。卵白はサラッとした水様卵白と、弾力がある濃厚卵白で構成されており、泡立ちやすい性質を持つのは、粘性の低い水様卵白です。卵は古くなるに従い、濃厚卵白が水様卵白に変化します。新鮮な卵が泡立ちにくいのはそのためです。また、生クリームは、乳脂肪分が35〜40%以上ないとよく泡立ちません。生クリームは、水分と乳脂肪が分散しており、攪拌することで乳脂肪同士がぶつかり合って集まります。集まることで粘性が高まり、ホイップ状になるのです。

卵白はメレンゲに

生クリームはホイップクリームに

PART

3

調理科学の新常識ときほん

食材をどう調理していくかで、料理のおいしさがグンとアップします。食材や調味料が持つ特徴を生かし、科学的根拠に基づいた調理法や驚きの新常識をご紹介します。

Q ごまあえを作る、どっちが正解？

A あえるのは食べる30分前

〈あえ方〉
下ゆでしたほうれん草にごまあえ衣の材料を入れてあえる。

30分後

NG!

×

ほうれん草がやわらかく、水っぽい。

／水分が出てビチャビチャ！＼

B あえるのは食べる直前

〈あえ方〉
下ゆでしたほうれん草にごまあえ衣の材料を直前に入れてあえる。

1分後

OK!

味のなじみで○

しっとりして全体に味がなじむ。

／味がしっかりからまる＼

ほうれん草の水分でごまの風味が薄くなる

ほうれん草などの青菜とごまあえ衣の相性は抜群ですが、時間が経つと水分が出てしまいます。あえ衣の調味料は組織の中にしみ込むため、全体の味にメリハリがなくなり、具と衣の味の違いを楽しむことができなくなります。おいしくいただくためには、ゆでる前の重量の70～80％くらいになるように水けを絞り、食べる直前にあえましょう。

あえる調理法徹底検証②

Q 白あえを作る、どっちが正解？

A 熱いうちにあえる

〈あえ方〉
具と衣が熱いうちにしっかりあえる。

5分後

NG!

×

具も衣も水っぽい。

／衣がべっちゃりしている……＼

B 冷ましてからあえる

〈あえ方〉
具と衣は完全に冷ましてから食べる直前にあえる。

5分後

OK!

食感で

水けも少なく、
食材の味がなじんでいる。

／なめらかなおいしさ！＼

水分が出ないようにしっかり冷ます

青菜、きのこ類、根菜類などの白あえの具は、豆腐のなめらかな衣となじませるために、下ゆでしてやわらかくします。豆腐はゆでて水きりをしましょう。あえ物は時間が経つと水分が出るため、具も衣も完全に冷ましてから食べる直前にあえるのが基本です。熱いうちにあえると水っぽくなるのはもちろん、食材の味がぼやけてしまいます。

Q 酢の物を作る、どっちが正解？

A 混ぜたあえ酢であえる

〈あえ方〉
具にあらかじめ混ぜておいたあえ酢を加えてあえる。

5分後

OK!

味のなじみで ○

味がしっかりしみ込むから食材の味が引き立つ。

／味がなじんでおいしい！＼

B 調味料を順に加えてあえる

〈あえ方〉
具に酢、砂糖、しょうゆを順に加えてあえる。

5分後

NG!

×

一つひとつの調味料の味がする。

／味にムラがある……＼

あえ酢はあらかじめ混ぜておいたものを使う

酢の物は、食べる直前にあえるのが基本です。具のきゅうりは、塩もみをすると脱水作用により、調味料が入り込んで味がなじみやすくなります。あえ酢は、あらかじめ混ぜておいたものを使いましょう。調味料を順に入れていくと味にムラができます。特に酢は具にしみ込みやすいので、酸味が過剰に引き立ってしまいます。

あえる調理法徹底検証④

Q グリーンサラダを作る、どっちが正解？

A 調味料であえて最後に油

〈あえ方〉
具に塩、酢、こしょうの順に加えてあえ、油を加えあえる。

5分後

NG!

✕

レタスがしんなり、水っぽくなった。

／水が出てびちょびちょ……＼

B 油であえて最後に調味料

〈あえ方〉
具に油を加えてあえ、塩、酢、こしょうの順に加えあえる。

5分後

OK!

食感で○

みずみずしいまま、シャキッとした食感。

／いつまでもシャキシャキ！＼

最初に油であえると水っぽくならない

生野菜のサラダは食べる直前に味をつけましょう。バリエーション豊かなドレッシングもいいですが、シンプルに塩、こしょう、酢で食べるのもおすすめです。その場合は、最初に油であえることがポイント。野菜の表面を油でコーティングするため、塩の浸透圧によって起こる水分の流出を防ぎ、パリッとした食感を保つことができます。

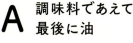

料理を極める①

あえる

冷ました具と調味液、
または衣を合わせる

①の料理は？

酢の物
お浸し
サラダ
など

ごまあえ
白あえ
酢みそあえ
など

②の料理は？

あえる料理は2種類	① 液体の調味料で あえる料理	② かさのある あえ衣であえる
	合わせ酢やだし汁、ドレッシングなど液体の調味液を使う。	ごまや豆腐、梅肉、くるみなど、かさのあるあえ衣を使う。

食材に調味料や衣で味をからめる料理

野菜などの食材を、調味液やかさのあるあえ衣であえる料理のことを全般的に「あえ物」といいます。あえ物には、酢の物やサラダなど調味液であえるものと、酢みそあえやごまあえ、白あえ、梅肉あえなどかさのあるあえ衣であえるものがあります。あえ物に共通しているのは、具と衣を別々に調理してからあえるおかずということです。

あえ衣で あえるなら 冷ますこと

あえる料理、あえ物の基本はすべてに共通

あえ物の具や衣は、加熱して下処理をします。ゆでた食材はよく冷ましてから、水けをしっかりきることがポイント。水けをよくきっても、時間が経つと水分が出て水っぽくなるので、具と衣は食べる直前にあえましょう。また、濃厚な味わいの具にはさっぱりした衣を、さっぱりした具には濃厚な衣を組み合わせるとおいしく仕上がります。

すべてに共通

あえる料理をおいしく作るポイント

POINT 1

よく冷ましてから具と衣をあえる

具と衣はよく冷ますことで、さっぱりとした味わいに。口当たりがしっとりする。

POINT 2

水けはしっかりきる、または絞ること

具も衣も時間が経つと水分が出て水っぽくなる。特に青菜の水けはしっかり絞ること。

POINT 3

底から返すように混ぜる

ゆでた野菜がちぎれないように、木ベラなどでさっくりと底から返すように混ぜる。

POINT 4

あえるのは食べる直前が基本

時間が経つと水分が出てベチャッとなる。食べる直前にあえるのが基本。

1 ごまあえ

ごまあえを香りよく作るコツは、具から出る水けを抑えるため、食べる直前に具と衣をあえることがポイントです。

recipe: いんげんのごまあえ

材料（2人分）

さやいんげん…100g
白いりごま…大さじ1 1/2
砂糖…小さじ1
しょうゆ…大さじ1強
だし汁…大さじ1強

作り方

① さやいんげんはヘタを切って、強火で3～4分蒸しゆでにし、3等分に切る。
② フライパンを熱し、ごまをいる。
③ すり鉢にいったごまを入れ、すりこ木で粗くすり、砂糖、しょうゆを加えてさらにすり混ぜ、だし汁を加えて混ぜる。
④ 食べる直前にゆでたさやいんげんを加えてあえる。

ごまあえを香りよく作るコツ

① ごまは一度いる

香ばしく、油も出やすい！

ごまはいるとプチプチとした食感になり、香ばしさが増します。ただし、すぐ火が通るのでいりすぎに気をつけましょう。

② すりこ木でする

粗くても、ねっとりさせても

いったあと、すりこ木ですることでさらに香りが立ち、消化もよくなります。もっと手軽に作りたいなら、いりごま大さじ1の代わりに、ねりごま小さじ1でも代用可。

③ あえるときは、食べる直前に

水分が出ないので濃厚な味わいに

あえ物に使う野菜は、時間が経つと水分が出ます。食べる直前にあえることで、野菜から出る水分を抑えることができます。

2 白あえ

白あえは、野菜とあえたときに水っぽくならないように注意しましょう。おいしさの決め手は、豆腐衣をふんわりさせることです。

recipe: 五目白あえ

材料（2人分）

にんじん（せん切り）…50g／こんにゃく（せん切り）…1/2枚／干ししいたけ…3枚／A（だし汁…1カップ　酒・砂糖…各大さじ2　薄口しょうゆ…大さじ1）／あえ衣【木綿豆腐…1/2丁／ねりごま…小さじ2】／B（砂糖…大さじ1　酒…大さじ1/2　薄口しょうゆ…小さじ1/2〜1　塩…小さじ1/4）

作り方

① 干ししいたけは水で戻して、薄切りにする。
② 鍋にAを入れて火にかけ、ひと煮立ちしたら、にんじん、こんにゃく、①を入れて下煮する。具材に火が通ったら火を止め、冷ましておく。
③ 豆腐は角切りにしてゆでて湯をきって冷まし、布巾に包んで水けを絞る。
④ すり鉢にねりごま、③の豆腐を加えてすり混ぜ、豆腐がなめらかになったらBを加えすり混ぜ、汁けをきった②の具材を加えてざっくりとあえる。

白あえをふんわりなめらかにさせるコツ

①

具を下煮する

具と衣のなじみがよくなる！

具は下煮してやわらかくします。具をやわらかくすることで衣がなじみやすくなります。具は下煮したらしっかり冷ましておくことがポイントです。

②

豆腐はゆでてしっかり絞る

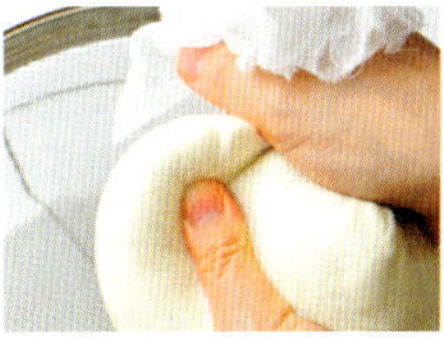

絞りすぎるくらいがおいしい！

豆腐は約90％の水分を含んでいます。豆腐から出た水分であえ物が水っぽくならないように、ゆでたら布巾でしっかり水けを絞ること。

③

衣はすり鉢ですり混ぜる

裏ごししなくても、なめらかに！

水きりした豆腐を裏ごしする必要はありません。すり鉢でよくすり混ぜるだけでOK。あえ衣も具と同様しっかり冷ましておきましょう。

3 酢の物

酢の物は、あえ酢を加えてあえるため、水っぽくなってしまうことも。酢の物を水っぽくさせないコツを覚えましょう。

recipe: きゅうりとわかめの酢の物

材料（2人分）

きゅうり…2本
生わかめ…30g
しらす干し…20g
あえ酢
A
- 酢…大さじ1強
- 砂糖…小さじ1/2〜1 1/2
  ※好みで加減
- しょうゆ…小さじ1

作り方

① きゅうりは薄切りにして塩小さじ1/2、水大さじ1（分量外）をふって混ぜ、10分程おく。
② わかめは洗い、さっと湯を通して2cm幅に切り、ザルに上げて軽く乾かす。
③ しらす干しは熱湯をかけて水けをきる。
④ きゅうりはさっと水をかけて洗い、きつく絞る。
⑤ ボウルに②〜④を入れ、混ぜ合わせたAを加えてあえる。

酢の物を水っぽくしないコツ

①

塩をふる

浸透圧作用で水分を出す

きゅうりに塩をふって、ふり水をしましょう。ふり水が塩を溶かして塩水になると、きゅうり全体が塩水で包まれ早く脱水できます。

②

水分が抜けたらあえ酢に加える

水分が抜けたすき間に入る！

きゅうりを絞ったら、わかめ、しらす干しと一緒にボウルに入れ、あえ酢をかけてあえます。きゅうりの水分が抜けたすき間にあえ酢を含ませましょう。

③

食べる直前にあえる

あえてから時間が経つと水っぽくなる

具の水分を抜いても、あえ酢によって水分がでて、水っぽくなります。また、調味液と具の味が同じになり、食材の味が引き立ちません。

4 グリーンサラダ

みずみずしい生野菜のシャキシャキした歯触りが楽しめるサラダです。水分の流出を防ぎ、パリッとさせるにはコツがあります。

recipe: グリーンサラダ

材料（2人分）

レタス…小1/2個
サラダ菜…1/2個
クレソン…2本
きゅうり…1本
ドレッシング
　塩…小さじ1/6弱
　酢…大さじ1
　こしょう…少々
　サラダ油…大さじ2 1/2

作り方

① レタス、サラダ菜、クレソンは冷水につけてパリッとさせ、水けを拭き取り、ひと口大にちぎる。
② きゅうりは3㎜厚さの輪切りにしてボウルに入れ、①の野菜と合わせる。
③ サラダ油をふりかけてあえ、塩、酢、こしょうの順に加えてはその都度あえ、全体をまんべんなくあえる。

グリーンサラダをパリッとさせるコツ

①

葉物野菜は氷水につける

水分を吸水させ、パリッとさせる

葉物野菜を冷水につけると、各細胞が水分をたっぷり吸うためパリッとして歯触りがよくなります。先端までパリッとしたら取り出します。

②

水けはよく拭き取る

ペーパータオルで包んでおく

葉物野菜の表面に水分が残っていると、さらに水っぽくなってしまいます。ペーパータオルなどで水けをよく拭き取り、包んでおきましょう。

③

油→調味料の順番に

水っぽくなるのを防ぐ

塩や酢を先に加えると、浸透圧で水分が出ます。先に油を加えることで、野菜の表面に油膜ができ、塩や酢によって水っぽくなるのを防ぎます。

Q 大根を煮る、どう違う？

A 下ゆでしてから煮る

〈煮方〉
大根は10分程下ゆでして、火が通った状態で沸騰した煮汁に入れる。

20分後

OK!

味わいで

色が濃く、
味もしみ込んでいる。

味がよく
しみ込んでいる！

B だしで煮て調味する

〈煮方〉
だし汁で生の大根を10分煮てから調味し、20分程煮る。

20分後

OK!

手軽さで

色は薄いが、味はしっかり、
あっさりめ。

十分に味が
しみ込んでいる！

生のまま煮ても味はしっかりしみ込む

煮物を作るとき、大根は米のとぎ汁などで下ゆでをすると苦味が取れておいしく煮えると考えられています。しかし、最近の大根には苦みがないので下ゆでする必要はありません。また、下ゆでせずに、生の大根をそのままだし汁で10分程煮て、調味料を加えて20分程煮るだけでも、味がしみておいしく煮えます。

煮る調理法徹底検証②

Q 魚を煮る、どう違う？

A 冷たい煮汁から煮る

〈煮方〉
鍋に冷たい煮汁と魚を入れて煮る。

10分後

OK!

見た目で

食材の味が
引き立ち上品な味。

煮崩れなく
しっとり！

B 煮立った煮汁で煮る

〈煮方〉
ふつふつと煮立たせた煮汁に魚を
入れて煮る。

10分後

OK!

味がよくしみ込んでいるが、
少々の煮崩れはあり。

少し煮崩れはあるが
味はしっかり

低温から煮ても中までしっかり味がしみ込む

煮魚は沸騰した煮汁に入れて煮るのが一般的と思われがちですが、それは家族の人数が多く、煮魚を作る量が多かった頃の話。少人数分を煮るなら、鍋に冷たい煮汁と魚を入れて火にかければ、すぐに沸騰して魚の表面のたんぱく質が凝固するので、うまみ成分を閉じ込められます。煮立った煮汁に入れるより、煮崩れも少なく上品な味に仕上がるのでおすすめです。

Q 肉の煮方、どう違う？

A 肉を焼いてから水を加えて煮る

〈煮方〉
鶏もも肉を皮目から両面を焼いて焼き色をつけ、水から煮る。

20分後

OK!

うまみで○

うまみはもちろん、香ばしい風味がおいしい。

／肉のうまみがたっぷりジューシー！＼

B 生のまま、水から煮る

〈煮方〉
生のまま水に入れて煮る。

20分後

OK!

△

肉自体はやわらかいが、うまみが若干たりない。

／パサパサして肉のうまみがたりない……＼

肉の表面を焼いてうまみを封じ込める

シチューやカレーなどの煮込み料理は、一般的にスープの素を使うため、肉のおいしさにはこだわりたいところ。ポイントはフライパンで肉の表面をこんがり焼いてから煮込むこと。表面を焼きかためることで、肉のうまみを閉じ込めます。ポトフなどの煮込み料理なら、肉のうまみをスープに溶出させたいので生のまま煮るのがおすすめです。

Q 薄切り肉を煮る、どっちが正解？

A 煮始めに入れる

〈煮方〉
肉と具材を一緒に入れる。

15分後

NG!

×

縮んで丸まり、
食感もかたくなる。

＼団子のように
かたまってかたい！／

B 仕上げに入れる

〈煮方〉
調理の最後に肉を入れて火を通しすぎない。

5分後

OK!

食感で ○

縮みがなくやわらかい。

＼やわらかくて
うまみたっぷり！／

早く煮える薄切り肉は調理の最後に入れて

薄切り肉を使った煮物や汁物は、最初に炒める方法もありますが、そのまま煮ることも多いもの。煮始めに肉を加えると肉のうまみは煮汁に溶出するものの、煮すぎると肉は縮んでかたくなるため、途中で肉を取り出す必要があります。薄切り肉を使うときは、調理の最後に入れて短時間で煮ると、縮みを防ぎやわらかく煮えます。

料理を極める②
煮る

①の料理は？

煮魚
みそ煮
かぼちゃの煮物
など

食材を加熱しながら調味する

おでん
ポトフ
など

②の料理は？

煮る料理は2通り

① 表面に味を留める

魚介類は少なめ、野菜は多めの煮汁で煮る。必ず1人分大さじ1杯の煮汁を残すこと。器に盛りつけて煮汁をかける。

② 中心まで味を含ませる

食材がかぶるくらいの煮汁で時間をかけて煮る。味は薄めに調味する。

おいしい煮物は煮汁を残さない

煮物が苦手な人が増えています。その原因は、煮汁の残しすぎによって味が薄くなり、おいしく感じないためと考えられます。かぼちゃ、いもなどは味がしみ込みにくく、特に主成分がたんぱく質の魚は味がしみません。煮汁を1人分大さじ1残すぐらいまで煮て、器に盛ってから煮汁をかけると、見た目につやが出て、おいしい煮物ができます。

水加減と火加減がポイント

食材や料理によって水加減と火加減を調節

魚介類は煮汁を少なめ、野菜類は煮汁を多めにして、落とし蓋をして煮ていきます。煮物は魚介類も野菜も沸騰するまでは強火、その後、魚介類は弱めの中火で表面が小さくゆれるぐらいに、野菜、いも類は強めの中火でくつくつと煮立つぐらいの火加減で煮るのがポイントです。あとは、落とし蓋を取り、蒸発させて煮汁を調整していきます。

すべてに共通

煮物をおいしく作るポイント

POINT 1

落とし蓋をすると煮汁がよく回る

煮汁が少ない煮物には、落とし蓋を使うと食材全体に煮汁がいきわたる。

POINT 2

魚は煮汁を少なめに 野菜は煮汁を多めに

魚は身がのぞくぐらいの少なめの煮汁で、野菜はかぶるぐらいの多めの煮汁で煮る。

POINT 3

野菜は強めの火でくつくつ、肉、魚は弱火でコトコト

いずれも沸騰するまでは強火、いもやかぼちゃなどでんぷん質は強めの中火。肉や魚などたんぱく質は弱めの中火が基本。

POINT 4

煮汁は1人分大さじ1杯が残るように蒸発させる

やわらかくなったら落とし蓋を取り、1人分大さじ1杯が残るように煮汁を蒸発させて加減する。器に盛りつけ、煮汁をかける。

1 肉じゃが

肉じゃがは、じゃがいもの下処理と煮方次第で味がしっかりしみ込み、ほっくりとおいしく仕上がります。

recipe: 肉じゃが

材料（2人分）

牛薄切り肉…100g
じゃがいも…2個
玉ねぎ…1/2個
だし汁…1 1/2～2カップ
A［酒…大さじ1
　 砂糖…大さじ1 1/2
B［みりん…大さじ1
　 しょうゆ…大さじ1～2
サラダ油…小さじ1

作り方

① 牛肉、じゃがいもはひと口大に、玉ねぎはくし形切りにする。
② 鍋にサラダ油を熱して牛肉を炒め、玉ねぎ、じゃがいもを加えて炒める。
③ だし汁を注いで煮立て、アクを取る。Aを加え強めの中火で3～4分煮、Bを加える。
④ 落とし蓋をして、弱めの中火で15～20分煮る。煮汁が多い場合は、落とし蓋を取って煮汁を蒸発させる。大さじ2の煮汁を残し、器に盛りつけたあと、上からかける。

肉じゃがを味よくほっくり仕上げるコツ

① じゃがいもは水につける

表面のでんぷんを洗い流す

じゃがいもは、切った端から水につけ、さっと水をきることが大切。表面のでんぷんを流します。ただし、つけすぎに注意。

② 煮はじめから一気に煮る

加熱をはじめたら中断しない

細胞膜に含まれるペクチンは加熱によって分解され、いもをやわらかくします。加熱を中断するとカルシウムが結合して煮えにくくなります。

③ 出来上がったらそのまま少しおく

味が均一にしみ込む

火を止めても煮汁は余熱で拡散され、内部まで味がしみ込みます。器に盛ったら、1人分大さじ1杯の煮汁を上からかけるとおいしくなります。

2 里いもの煮ころがし

煮崩れを防ぎ、やわらかく煮るのにはコツがいる里いもの煮ころがし。こっくりと味濃く煮上がるポイントは水と火の加減です。

recipe: 里いもの煮ころがし

材料（2人分）

里いも…6個（300g）

煮汁

- だし汁…2～2 1/2カップ
- しょうゆ・砂糖・みりん…各大さじ1

作り方

① 里いもはよく洗ってから、五～六面になるように皮をむく。

② 鍋に煮汁の材料と①の里いもを入れ、落とし蓋をして強火にかける。

③ 煮立ったら、煮汁が落とし蓋にかかるくらいの火加減にして15分程煮る。煮汁は、大さじ2残す程度に煮詰める。

里いもの煮ころがしをおいしく作るコツ

①

下ゆでしないで煮る

最近の里いもはぬめりが少ない

多少のぬめりはでますが、下ゆでせずにそのまま煮ても構いません。表面はなめらか、中はさっぱりとした味に煮上がります。

②

煮汁は少なめのひたひたで

煮ころがしは少なめの煮汁で

煮ころがしは、少なめの煮汁で煮汁がなくなるまで煮ます。一方、含め煮は、薄めに調味した多めの煮汁で味を含めながら煮汁を残して煮上げます。

③

くつくつ煮立たせる

少し強すぎるくらいがちょうどよい

いもなどのでんぷん質は、くつくつと煮立っている状態の方が味のしみ込みがよくなります。火の強さは煮汁の様子をみて調整しましょう。

3 煮魚

かれいや金目鯛、ぶり、いわしなどで作る煮魚。ふっくらと味よく煮上げて、煮すぎないコツを覚えましょう。

recipe: かれいの煮つけ

材料（2人分）

かれい…2切れ

A
- 酒…1/4カップ
- しょうゆ…大さじ1 1/3
- 砂糖…大さじ1/2
- みりん…大さじ1 1/2

作り方

① かれいはよく水洗いし、うろこや血合いをきれいに落とし、水けをきる。
② かれいの皮目に十文字の切り目を入れる。
③ 鍋に水1/2カップ、Aを入れ、かれいを加えて強火にかけ、沸騰したらアクを取る。
④ 落とし蓋をし、中火にして8分程煮る。子持ちかれいの場合は、卵に火が通るまで10～12分煮る。途中で煮汁が煮詰まってきたら、煮汁を2～3回かれいにすくいかける。
⑤ 煮汁の大さじ2を残し、器に盛りつけたあと、上からかける。

煮魚をふっくら味よく煮上げるコツ

① 皮の表面に切り目を入れる

皮がやぶれるのを防ぎ、味がしみる

皮のすぐ下にあるコラーゲンは加熱すると収縮します。皮目に切り目を入れずに加熱すると、コラーゲンの収縮で皮がやぶれてしまいます。

② 煮汁を魚と同時に入れて煮る

煮る量が少ないから冷たい煮汁でOK

作る量が少ないときは、冷たい煮汁と魚を一緒に入れてもOK。煮汁が短時間で沸騰し、魚の表面が凝固するのでうまみが溶出しません。

③ 落とし蓋で煮汁を調節

煮汁は1人分あたり大さじ1残す

落とし蓋は、煮崩れを防止するほか、食材全体に煮汁がかかり、味がしみ込みます。煮汁を1人分あたり大さじ1残すように残量の調節する。

4 ロールキャベツ

キャベツがしっとりするまでじっくり煮込むロールキャベツ。形崩れを防いで、肉だねをジューシーにおいしく仕上げましょう。

recipe: ロールキャベツ

材料（2人分）

キャベツの葉…8枚／ベーコン…50g／A（牛ひき肉…200g　パン粉…1/4カップ　玉ねぎ（みじん切り）…1/4個分　塩・こしょう…各適量　小麦粉…小さじ1/2）／B（コンソメスープ…1 1/2～2カップ　白ワイン…大さじ1 1/2　塩…小さじ1/2　こしょう…少々）

作り方

① キャベツの葉はゆでて芯の部分は包丁で薄くそぐ。塩、こしょう各少々（分量外）をふる。
② ベーコンは2cm幅に切り、炒めておく。
③ ボウルにAを入れてよく混ぜ合わせ、8等分の俵形に整える。
④ ゆでたキャベツを2枚ずつ重ね、③を巻く。
⑤ 鍋に④を並べ、②、Bを加えてペーパータオルの落とし蓋をし、鍋蓋をして弱火で30分程煮る。

ロールキャベツをしっとり味よく作るコツ

① キャベツとひき肉それぞれに下味を

キャベツと肉のうまみたっぷりに

キャベツと肉だねそれぞれに、塩、こしょうの下味をつけて煮ることで、食材のうまみを閉じ込めます。肉だねはよくこねておきましょう。

② 巻くときはきっちりと

形崩れ防止に

まずは、芯側に肉だねをのせて1回転させて巻き込みます。次に両端を内側に折り込んでくるりと回転させてギュッとしっかり巻きましょう。

③ 蓋をしたら弱火で煮込む

一度煮立たせて弱火で煮込む

蓋をして強火にかけ沸騰させ、肉だねをかためてうまみの溶出を防ぎます。あとは弱火で煮込みます。鍋にきっちり詰めて形崩れを防ぎましょう。

Q 野菜を炒める、どっちが正解？

A 強火で一気に炒める

〈炒め方〉
強火でフライパンをあおるようにして炒める。

1分後

OK!

食感で

シャキッとした歯応えとうまみがある。

／シャキシャキの食感！＼

B 弱火でじっくり炒める

〈炒め方〉
弱火で火が通るまでじっくり炒める。

5分後

NG!

炒める時間が長いため、しんなり水っぽい。

／水が出て、しなしな……＼

シャキッと仕上げるには強火で一気に炒める

野菜炒めは強火でフライパンをあおるように揺すり、高温の油が具全体にいきわたるようにするのがポイントです。そうすることで、うまみを逃さずに余分な水分を蒸発させ、シャキッとおいしく仕上がります。火力が弱いと食材のうまみ成分が溶出し、水っぽくなる一方、中火ぐらいでないと火が通らない野菜は、かたいまま仕上がることもあります。

Q 魚をグリルで焼く、どう違う？

A 皮に切り目を入れる

〈焼き方〉
皮に切り目を入れて焼く。

8分後

OK!

見た目で

火の通りがよく、
皮がやぶけない。

ふっくら
見た目もきれい！

B そのまま焼く

〈焼き方〉
そのままグリルで焼く。

5分後

OK!

身割れや、皮がふくらんだり
やぶれたりする。

皮がやぶれたり
焦げやすい……

飾り包丁を入れて身が縮むのを防ぐ

焼き魚は皮に切り目を入れる、いわゆる「飾り包丁」を入れることにより、皮が縮むのを防ぎます。そのまま焼くと皮のコラーゲンが縮むことによって皮がやぶれたり、皮がふくらんで焦げたり、身割れしたりします。切り目が多いと水分が抜けすぎるので、浅めに切り目を入れましょう。身がふっくら、見た目もきれいに焼き上がります。

Q ステーキを焼く、どっちが正解？

A 冷蔵庫から出してすぐ焼く

〈焼き方〉
焼く直前に冷蔵庫から出してすぐに強火で焼く。

2～3分後

NG!

✕

肉汁が流れて表面がパサついた感じ。

／中に火が通る前に表面が焦げる……＼

B 室温に戻してから焼く

〈焼き方〉
冷蔵庫から出して30分程おき、室温に戻した肉をさっと焼く。

2～3分後

OK!

うまみで

表面が肉汁で覆われ、やわらかい。

／肉汁たっぷり！ジューシー！＼

室温に戻してからさっと焼いてジューシーに

ステーキ肉は、室温に戻してから焼くとおいしく仕上がります。冷たいままだと、中心に火が通らないうちに表面が焼き上がってしまいます。また、焼く前に脂身と赤身の間にある筋を断ち切るように切り目を入れると、肉の縮みを防ぐことができます。早めに塩をすると肉汁が出るため、焼く直前に塩、こしょうをしましょう。

炒める・焼く調理法徹底検証④

Q 卵焼きを作る、どっちが正解？

A 切るように混ぜる

〈混ぜ方〉
菜箸をボウルの底につけて切るように混ぜる。

卵焼きを焼く

OK!

見た目&食感で

空洞がなく、
見た目も食感もなめらか。

断面がきれい！
食感も◎

B 空気を入れるように混ぜる

〈混ぜ方〉
菜箸を浮かせて空気を含ませるように混ぜる。

卵焼きを焼く

NG!

空洞ができ、卵白と卵黄が
分かれムラができた。

白身がまばら
食感もボソボソ……

空気を入れないように卵を溶くのがポイント

なめらかできれいな卵焼きを作るには、卵の溶き方がポイントとなります。溶き方が不十分だと卵白と卵黄にムラができ、均一な黄色の卵焼きになりません。また、空気を入れるように溶くと、卵が巻きにくく形が整いません。卵を溶くときは、菜箸をボウルの底につけて切るように混ぜると、空気の入りを最小限に留めることができます。

料理を極める③

炒める・焼く

食材を加熱しながら調味する

炒める・焼く
方法の種類

フライパンで炒める、焼く

野菜炒めやハンバーグなどフライパンで間接的に加熱する方法。

焼き網やグリルで焼く

魚や焼き鳥など、直に火を当てて加熱し、香ばしくする方法。

炒める・焼く
方法の種類

オーブンで焼く

グラタンや焼き菓子など、時間をかけてじっくり加熱する方法。

炒める、焼くの違い

炒める 食材をかき混ぜながら短時間加熱

食材と油を入れたフライパンを揺すって混ぜながら火を通す調理法。

焼く 食材をあまり動かさず加熱する

食材をフライパンやグリルの上に置き、焦げ風味をつけて火を通す調理法。

短時間で加熱する炒め物
焦げ風味をつける焼き物

油を使って短時間で加熱する炒め物は、手際よくフライパンを揺する、あおることにより、食材の水分を蒸発させ、うまみを閉じ込めることができます。一方、焼き物は、火を通しながら焼き色をつけて香ばしくします。香ばしい焦げ風味が食材の生臭さをやわらげ、さらに焼くことで味が濃くなり、身がしまって食感が変わります。

決め手は火加減と加熱時間

炒める、焼く料理のそれぞれの特徴を覚える

炒め物は食材により火加減が異なりますが、基本は短時間で加熱すること。よく熱したフライパンに油を入れて、食材の水分を飛ばすようにさっと炒めましょう。焼き物も、食材により火の通り方が異なりますが、基本的に最初に強火で焼き色をつけます。あとは、食材に合わせて火加減を調節しながら中まで火を通しましょう。

炒める料理をおいしく作るポイント

POINT 1 **基本は強火で短時間加熱**

肉、魚介は基本的に強火で炒めてうまみを閉じ込める。水が出やすい葉野菜も強火で炒める。

POINT 2 **香味野菜は弱火で香りを出す**

ねぎ、しょうが、にんにくなどの香味野菜の香りを出すには、弱火でじっくり炒める。

焼く料理をおいしく作るポイント

POINT 1 **最初は強火で焼き色をつける**

ステーキ肉やハンバーグなどは、最初に強火で表面に焼き色をつけて香ばしくする。

POINT 2 **魚は網とグリルで強火の遠火**

基本は強火で焼くが、表面がすぐ焦げないように網を使って熱源から少し離して焼く。

1 野菜炒め

野菜がしんなりと水っぽくなるのは、油の量と火加減が原因。水分の流出を抑え、シャキシャキに仕上げるにはコツがあります。

recipe: もやし炒め

材料（2人分）

もやし…300g
サラダ油…大さじ1
粒山椒…少々
砂糖…小さじ1/2
塩…小さじ1/2
ごま油…小さじ1/2

作り方

① もやしは根を取り除いて洗い、水けをきる。
② フライパンにサラダ油を熱し、粒山椒を入れて香りを出し、もやしを加えて炒める。
③ もやしに火が通ったら、砂糖、塩を加え、最後にごま油を回し入れる。

もやし炒めをシャキシャキに仕上げるコツ

① 油は材料の重さの5%

水分とうまみを閉じ込める

油の量が少ないと食材全体に油が回らないため、水分やうまみ成分が出てしまいます。油の量は材料の重さの5%が適量です。

② フライパンをあおりながら炒める

強火で短時間で水分の放出を促す

もやし炒めは、シャキシャキとした歯触りがおいしさのポイント。加熱しすぎないこと。青臭さが消えたら、火を止めましょう。

③ 火が通ったら調味する

火を通しすぎないのがコツ

短時間で全体に火を通し、シャキッとさせるためには、分量を少なめにしましょう。加熱しすぎると、しんなりして水っぽくなります。

2 焼き魚

焼き加減でおいしさが変わる焼き魚。魚に焦げ風味をつけ、身崩れさせずふっくらと香ばしく焼き上げるのにはコツがあるのです。

recipe: さばの塩焼き

材料（2人分）

さば（小・大名おろし）
…1/2枚
塩…小さじ1/4

作り方

① さばはペーパータオルで水けを拭き、半身を二つにそぎ切りにする。
② 皮目に包丁で浅く切り目を入れ、塩を両面にふる。
③ 盛りつけるときに表になる方を下にし、よく熱した焼き網にのせる。
④ 火にかけて6分程、裏返して4分程、切り口が白くなったら出来上がり。

さばの塩焼きを好みに合わせて作るコツ

①

弾力があるか、ふっくらしてるか

表面が弾力のある肉質に

塩をふって15分おくと、魚の表面を塩分が覆ってたんぱく質が固まり、身がしまります。すぐに焼けばふっくらとした食感に。

②

盛りつけるときに表になる方を下に

焼き目をきれいにつける

表側に適度な焼き色をつけると、おいしそうな焼き魚になります。裏側は見た目にとらわれず、中までしっかり火を通して焼きましょう。

③

裏返すのは1回だけ

表6分に裏4分でおいしく焼ける

魚の焼き方は「表6分に裏4分」といって、皮に適度の焦げ色をつけて焼きます。裏返すのは1回だけ。両面焼きグリルの場合は不要です。

3 ステーキ

肉汁があふれ、やわらかくジューシーなステーキ。ステーキ肉ならではの、焼き方のコツを覚えておいしく焼き上げましょう。

recipe: ビーフステーキ

材料（2人分）

牛肉（ステーキ用）
…2枚（1枚150g）
塩・こしょう…各適量
サラダ油…小さじ1

作り方

① 牛肉は焼く30分前に冷蔵庫から出す。
② 赤身と白身の間に包丁の切っ先を入れて筋を切り、塩、こしょうを両面にふる。
③ フライパンにサラダ油を熱し、牛肉を入れる。
④ 強火で30秒程、弱火にして1分30秒程、フライパンを揺すりながら焼く。
⑤ 強火にして裏返し、同様に焼く。焼き加減は好みに合わせる。

ステーキの肉汁を失わない焼き方のコツ

①

肉は焼く30分前に冷蔵庫から出す

室温に戻して肉汁たっぷり

肉は冷たい状態で焼くと、中まで火が通らないうちに表面が焼き上がってしまいます。冷蔵庫から出して、室温に戻してから焼きましょう。

②

脂身と赤身の間の筋を切る

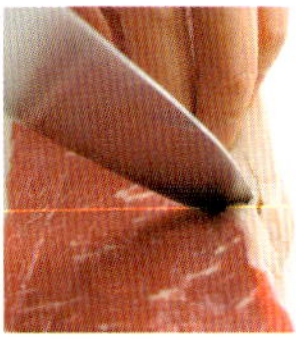

肉全体がムラなく焼ける

加熱によって筋繊維が縮むため、筋切りをしましょう。筋を切ることで肉のそり返りを防ぎ、火の通りもよくなります。焼きムラもできません。

③

十分に熱したフライパンで焼く

表面を固めたら好みの焼き加減で

まずは強火で表面のたんぱく質を固め、うまみを閉じ込めます。中は好みに応じて焼きます。ただし、焼きすぎは身がしまりすぎるので注意。

4 ハンバーグ

肉のうまみがぎっしり詰まったハンバーグ。ジュワッと肉汁があふれ、ふっくらとジューシーに作りましょう。

recipe: ハンバーグステーキ

材料（2人分）

A
- 牛ひき肉…200g
- 豚ひき肉…50g
- 炒め玉ねぎ（みじん切り）…1/4個分
- パン粉…1/3カップ
- 牛乳…大さじ2
- 塩…小さじ1/2
- こしょう・ナツメグ…各少々

溶き卵…1/2個分
サラダ油…大さじ1/2

作り方

① ボウルにAを入れてよくこねる。粘りが出てきたら溶き卵を加えて混ぜ合わせる。
② 空気を抜き、4等分にして1cm厚さの楕円形に整え、中央を少しくぼませる。
③ フライパンにサラダ油を熱し、くぼみを上にして強火で30秒、中火から徐々に弱火にして3～4分焼く。
④ 裏返して同様に焼く。

ハンバーグから肉汁がにじみ出るコツ

① ひき肉をよくこねる

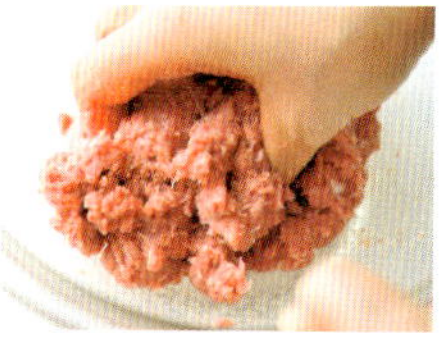

ひき肉の粘着力をあらかじめ強くする

肉のたんぱく質は、生のときは粘着力が強く、こねることによって粘りけが増します。さらに、塩を加えると粘りが増しまとまりやすくなります。

② パン粉は牛乳に浸さない

乾いたままの方が汁けを吸いやすい

パン粉は口当たりを軽くし、素材から出る汁けを吸収して肉汁を保つために加えます。牛乳に浸す必要はなく、乾いたまま加えます。

③ まん中をくぼませる

中まで火が通り、ふっくらと焼ける

ひき肉はすき間が多いため、熱伝導が弱く火の通りが悪いといわれています。まん中をくぼませると、中まで火が通りやすく、ふっくらします。

5 餃子

おいしい餃子は、口の中にジュワッと肉汁が広がります。うまみと肉汁を逃さず、おいしく焼き上げるコツを覚えましょう。

recipe: 餃子

材料（4人分）

餃子の皮…30枚

A
- 豚ひき肉…200g
- 塩…小さじ1/3
- しょうゆ…小さじ2
- ごま油…大さじ1

B
- キャベツ…200g
- にら（みじん切り）…50g
- にんにく（みじん切り）…1/2個

サラダ油…大さじ1

作り方

① Bのキャベツはさっとゆでてみじん切りにし、水けをよく絞る。
② ボウルにAを入れ、粘りが出るまでよくこねる。Bを加えてこね、30等分する。
③ 餃子の皮の中央に②をのせ、皮の周囲に水をつけてひだを作りながら包む。
④ フライパンにサラダ油大さじ1/2を熱し、餃子半量を並べる。熱湯1/2カップ（分量外）を注ぎ、蓋をして中火で蒸し焼きにする。
⑤ 湯がなくなったところでやや強火にして焼き目をつける。残りも同様に焼く。

餃子を失敗しないで焼くコツ

①
ひき肉に調味料を加えてこねる

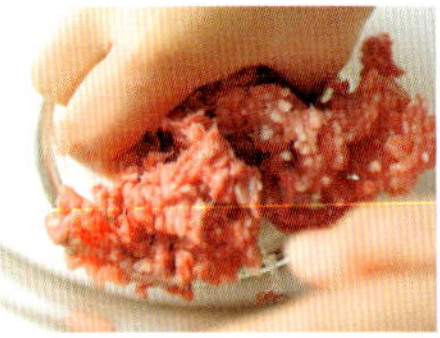

肉汁が失われずジューシー

あんに使うひき肉は、調味料を加えてこねると繊維がから み合います。肉汁を閉じ込めるためには、ひき肉をよくこねることがポイントです。

②
野菜を加えてよくこねる

ひき肉に水分を吸収させる

ひき肉をこねたら野菜を加えましょう。野菜の水分をひき肉に吸収させておくと、焼いたときに汁けを逃さずジューシーに焼き上がります。

③
蒸してから焼き目をつける

失敗しらずの方法

ふっくら焼き上げるには熱湯を加え、蓋をして蒸します。湯がなくなったところで、強火にして餃子の下部に焼き目をつけましょう。

6 鮭のムニエル

ほんのりバターの香りが広がるムニエル。小麦粉をまぶして程よい焼き色をつけ、表面はカリッと中はふっくらと焼き上げましょう。

recipe: 鮭のムニエル

材料（2人分）

生鮭…2切れ
塩・こしょう…各少々
白ワイン…大さじ1
小麦粉…大さじ2
サラダ油・バター
…各大さじ1/2

作り方

① 鮭の切り身は両面に軽く塩、こしょうをふり、白ワインをかけて5～6分おく。
② ペーパータオルで水けを拭き取り、小麦粉を薄くまぶす。
③ フライパンにサラダ油、バターを熱し、バターが溶けたら、鮭の皮側を下にして並べ入れる。
④ 一息おいたら、フライパンを揺すり、魚を動かしながら強火で両面焼く。

鮭のムニエルをジューシーに香ばしく焼くコツ

① 小麦粉は薄くつけて焼く

膜を作り、うまみを閉じ込める

小麦粉は魚の水分を吸収し、焼くことで魚の表面に膜を作り、うまみを閉じ込めます。また、乾いた粉をまぶして焼くことで香ばしくなります。

② サラダ油とバターで焼く

焦げるのを防止する

バターは香り立つ風味はつきますが、たんぱく質や糖分を含むので焦げやすくなります。サラダ油を併用することで、焦げずに程よい焼き色に。

③ 皮側を下にして焼く

焼き色がついたら裏返す

皮にパリッときれいな焼き色をつけるには、皮側から焼きましょう。また、皮は焼くと縮むので、先に身を焼くと身割れしてしまいます。

COLUMN

＼新常識／

おいしい卵料理の作り方

栄養の宝庫ともいわれ、必須アミノ酸がバランスよく含まれています。どんな食材にも合うので料理の幅が広がります。

1 ゆで卵は沸騰した湯でゆでる

①

沸騰させた湯に入れる

卵は冷蔵庫から出して室温に戻しておく。沸騰した湯に卵を入れ、再沸騰したら火を弱める。固ゆでなら12分。半熟なら8分加熱する。

②

水にとって冷ます

ゆで上がったら水にとる。卵のたんぱく質は、殻よりも収縮が大きく、水にとって冷ますことで、殻との間にすき間ができ殻がむきやすくなる。

memo 卵黄と卵白では固まる温度が異なる

卵は卵黄と卵白では凝固温度が異なります。卵の大小、加熱開始温度によって多少の差が生じますが、卵黄は65～70℃、卵白は60℃くらいから固まりはじめて80℃で完全に凝固します。この温度差を利用することで、固ゆで、半熟、温泉卵などのゆで卵ができます。

2 目玉焼きは好みで焼き方を変える

①

蓋をして蒸し焼き

サラダ油を熱したフライパンに卵を入れて湯を注ぎ、蓋をして1～2分蒸し焼きにする。表面に白い膜がはり、黄身は半熟状に。

／白い膜がつく＼

②

蓋なしで焼く

サラダ油を熱したフライパンに卵を入れ、そのまま蓋をせずに2分半程焼く。黄身はほぼ生の状態でなめらかに。鮮やかな黄色に仕上がる。

／黄身は生のまま！＼

memo **目玉焼きを形よく作るコツ**

目玉焼きを形よく焼くのは、意外とむずかしいものです。まずは、卵を冷蔵庫から出して室温に戻しましょう。卵をいきなりフライパンに割り入れるのではなく、小さな容器に割ってからフライパンに入れましょう。また、新鮮な卵を使うと卵白が広がりません。

Q とろみをつける、どっちが正解？

A 一気にまん中に加える

〈とろみのつけ方〉
水溶き片栗粉を麻婆豆腐のまん中に一気に加える。

10分後

NG!

×

表面の所々にダマができ、ねっとりしている。

＼ダマができてムラがある……／

B 少しずつ汁に加える

〈とろみのつけ方〉
水溶き片栗粉を少量ずつ汁けのところに加える。

10分後

OK!

食感で ○

均一にとろみがついて、味にムラがない。

＼つやつや、トロトロの仕上がり！／

仕上げに少しずつ加えればダマにならない

水溶き片栗粉は、片栗粉をあらかじめ水で溶いておき、水がしみ込むのを待ちます。というのも、片栗粉の主成分であるでんぷんは、水を加えて加熱すると、水を含んでゆるみ、からまりあって粘りが出るからです。水溶き片栗粉を一気に加えると、とろみを加減できないので、仕上げに汁けの多い箇所に少しずつ加えること。

とろみをつける調理法徹底検証②

Q ルウを使う料理、どう違う？

A 熱いルウに冷たい牛乳

〈とろみのつけ方〉
ルウが熱いうちに、冷たい牛乳を一気に加える。

木ベラで混ぜる

OK!

○ 手早さで

サラッとなめらかな仕上がり。

／全体になじむのが早い！＼

B 冷ましたルウに冷たい牛乳

〈とろみのつけ方〉
ルウを冷ましてから、冷たい牛乳を一気に加える。

木ベラで混ぜる

OK!

△

やや重量感があり、ポテッとしている。

／ダマになりにくくなめらか！＼

ルウと牛乳の温度差がなめらかさのポイント

熱いルウに冷たい液体を少しずつ加えると、ダマができます。これは、小麦粉に熱と水分が加わり、小麦でんぷんの急激な糊化が起こるため。冷たい液体を一気に加えればルウの温度が下がります。一方で、冷ましたルウに冷たい牛乳を加えるとダマになりにくく、なめらかな仕上がりになりますが、全体の温度が下がるので時間がかかるところが短所でしょう。

料理を極める④
とろみをつける

麻婆豆腐
チンジャオロースー
あんかけ
など

②の料理は？

でんぷんで汁に濃度をつける

①の料理は？

ルウ（シチュー）
かきたま汁
など

とろみをつける目的

① **舌触りがなめらかになる&保温効果**

とろりとした食感が出る。温かい料理を冷めにくくする。

② **味をからませる**

汁のあるところに入れ、均一にとろみをつけて味をからませる。

汁に濃度をつけることで得られる効果

片栗粉などのでんぷんは、熱によって水と結びつき糊化します。麻婆豆腐やシチューなど、汁けのある料理に水溶き片栗粉を加えると、とろみがつくのはそのためです。とろみ＝濃度がついた汁は、水分の蒸発が妨げられ対流しにくいため、温度の下がり方が小さくなります。また、食材にとろみのある汁をかけると味がからみやすくなります。

とろみをつける主な3種類

でんぷんの違いによって用途も変わる

とろみづけに使用する1つめのでんぷんは、じゃがいものでんぷんである片栗粉。かきたま汁などの汁物やあんかけに向いています。2つめは、とうもろこしのでんぷんであるコーンスターチ。粘りが弱くさっぱりしたとろみで、小麦粉に混ぜるほか、スープにも活用できます。3つめはごはん。ポタージュなどのとろみづけに活用できます。

水溶き片栗粉でとろみをつける

① 片栗粉は水を加えたら、そのままおく

とろみをつけるには、あらかじめ片栗粉を水で溶き、片栗粉に水をしみ込ませる。

② 使うときにかき混ぜる

水を加えて沈んだ片栗粉をよく混ぜ、濃度を均一にする。加える直前に混ぜる。

コーンスターチでとろみをつける

飲み込みやすくするジュースやスープに

一般にでんぷんは冷めると粘りが強くなるので、ジュースなどには粘りが弱いコーンスターチが適している。

ごはんでとろみをつける

ポタージュなどのとろみに

ポタージュにごはんを使う場合は、食材と一緒に煮てからミキサーへ。小麦、とうもろこしなどのでんぷんはごはんで代用できる。

1 かきたま汁

ふんわりした半熟の卵がおいしいかきたま汁。卵をふわっとさせるには、水溶き片栗粉と溶き卵を入れるタイミングがポイントです。

recipe: かきたま汁

材料（2人分）

卵…1個
だし汁…1 3/4カップ
塩…小さじ1/4強
しょうゆ…小さじ1
A［片栗粉…大さじ1/2
　 水…大さじ1

作り方

① ボウルに卵を割りほぐし、だし汁大さじ2を加えて混ぜ合わせる。
② 鍋に残りのだし汁、塩、しょうゆを入れて中火にかける。
③ 煮立ったら火を弱めて、よく溶いたAを少しずつ加え、火を強めて混ぜながらとろみをつける。
④ 再び煮立ったら、菜箸でかき回し、溶き卵を細く流し入れ、卵が浮いてきたら火を止める。

かきたま汁の卵をふんわりさせるコツ

①

水溶き片栗粉を先に加える

糊化して粘りが出る

溶き卵を入れる前、汁に水溶き片栗粉を加えて、濃度をつけておきましょう。汁にとろみがつき、卵が沈まずにふわっとします。

②

溶き卵を少量ずつ回し入れる

でんぷんの網目に引っかかる

汁が十分に熱くなり、とろみがついたら溶き卵を流します。溶き卵は箸などに伝わらせて細い糸状にして回すように入れていきましょう。

③

比較するとよくわかる

先に溶き卵を入れると下に沈む

でんぷんは水とともに加熱すると糊化します。熱によってでんぷんと水の分子がからみ合い網目状の構造になると、卵が引っかかり沈みません。

2 あんかけ

中華料理屋さんの定番メニューでもある天津丼。卵の上にふんわりかける、とろっとしたなめらかな甘酢あんが味の決め手です。

recipe: 天津丼

材料（2人分）

卵…3個／かに缶…（小）1缶／ゆでたけのこ（細切り）…25g／長ねぎ（小口切り）…1/4本／塩…少々／A（中華スープ…1/2カップ　砂糖・しょうゆ…各大さじ1/2　酢…小さじ1　しょうが汁…少々）／B（片栗粉…大さじ1/2　水…大さじ1）／サラダ油…大さじ3／温かいごはん…適量

作り方

① かには汁けをきり、軟骨を除いてほぐす。
② ボウルに卵を溶きほぐし、①、野菜、塩を加えて混ぜる。
③ フライパンにサラダ油を熱し、②を一気に加え、大きく混ぜながら炒める。
④ 卵の縁がふくらんできたら形を整えて裏返し、さっと焼いて2等分に分け、盛りつけておいたごはんにのせる。
⑤ 鍋にAを合わせて火にかけ、煮立ったら、火を弱めてよく溶いたBを少しずつ加え、火を強めて混ぜながらあんを作り、④にかける。

あんかけをとろっとさせるコツ

① 片栗粉はあらかじめ溶く

片栗粉は入れる前に必ずかき混ぜる

水溶き片栗粉は、あらかじめ溶いておくと粘りけが出ます。片栗粉は沈みやすいので、入れる直前によくかき混ぜてから使いましょう。

② 慣れないときは火からおろす

ダマを防ぎ、とろみを加減できる

水溶き片栗粉は、加えるときに汁が熱すぎるとダマになりやすいので、火からおろして、少しずつ回し入れてとろみを加減しましょう。

③ 熱い料理に熱いあんを

よくなじんで口当たりがよくなる

熱いあんは熱いものにかけると、味がなじみやすくなります。また、あんかけは、冷めるとなめらかさを失い食感が悪くなってしまいます。

3 ホワイトソース

グラタンやシチューなどに使うホワイトソース。ダマを作らず、なめらかなとろみのついた濃厚なソースの作り方を覚えましょう。

recipe: ホワイトソース

材料（2人分）

バター…大さじ1 1/2
小麦粉…大さじ1 1/2
牛乳…1 1/2カップ
塩…小さじ1/6
こしょう…少々

作り方

① 鍋にバターを入れて中火で溶かし、泡立ってきたら小麦粉を加え、木ベラで混ぜる。
② 焦がさないように弱火にし、サラサラになるまで3～4分炒める。
③ 冷たい牛乳を一気に加え、泡立て器で手早くかき混ぜる。なめらかになったら木ベラに持ち替え、中火で絶えずかき混ぜる。
④ 木ベラで鍋底をかいたときに、跡が残るくらいの濃度になったら、塩、こしょうで調味する。

ホワイトソースのダマを作らないコツ

①

バターが泡立ってきたら小麦粉

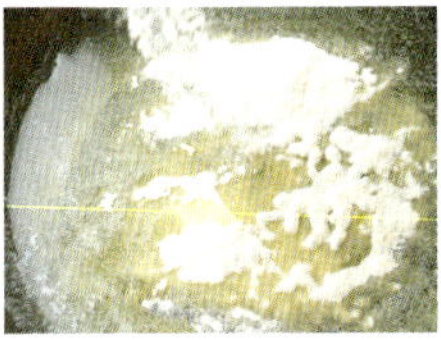

サラサラになるまで炒める

小麦粉は弱火で焦がさないように、全体がサラッとするまでじっくり炒めることがポイントです。

②

ルウが熱いところに冷たい牛乳を

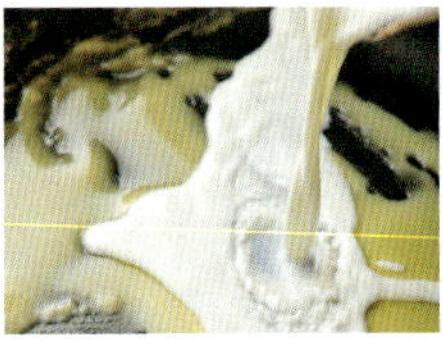

ダマにならずなめらかな仕上がりに

熱いルウに冷たい牛乳を一気に加えてルウの温度を下げてから、かき混ぜながらとろみをつけます。ダマができず、なめらかに仕上がります。

③

ソースがかたいようなら

牛乳と混ぜてからよい加減に煮詰める

ホワイトソースの仕上がりがかたいときは、冷たい牛乳を加えてのばしましょう。再度火にかけて煮詰めながらゆるませます。

4 ポタージュ

じゃがいもやかぼちゃなど、野菜をやわらかく煮て作るポタージュ。クリーミーで濃厚なポタージュスープのコツをおさえましょう。

recipe: ポタージュ

材料（2人分）

じゃがいも…200g
玉ねぎ…1/2個
バター…10g
洋風だし…1　1/2カップ
牛乳…1/2カップ
生クリーム…1/4カップ
塩…ひとつまみ

作り方

① じゃがいもは8㎜厚さのいちょう切り、玉ねぎは繊維を断ち切るように薄切りにする。
② 鍋にバターを入れて火にかけ、玉ねぎとじゃがいもを炒める。
③ 玉ねぎがしんなりしたら洋風だしを加え、じゃがいもがやわらかくなるまで煮る。
④ ③をミキサーにかけ、なめらかになったら鍋に戻し入れて火にかける。
⑤ 牛乳と生クリームを加え、塩で調味する。

ポタージュをなめらかに仕上げるコツ

① 野菜はやわらかく煮る

口当たりをよくする

ざらつきのないなめらかな舌触りになるように、野菜は煮物よりもやわらかく煮ることがポタージュをおいしくするポイントです。

② 塩はひとつまみずつ

牛乳や生クリームの料理は塩がききやすい

牛乳や生クリームを使う料理は塩味がききやすいので、塩はひとつまみ加えてから味を調整しましょう。バターにも塩が含まれています。

③ コーンポタージュなどのとろみは

小麦粉の代わりにごはんを使っても

同じポタージュでも、コーンポタージュのとろみは小麦粉ですが、その代用としてごはんが便利。材料と一緒に煮れば程よいとろみがつきます。

Q 茶碗蒸しを蒸す、どう違う？

A 蒸し器で蒸す

〈蒸し方〉
容器を蒸し器に入れて蒸す。

10分後

OK!

食感で

なめらかで
ふるふるの仕上がり。

／なめらかな食感！＼

B 簡単に直蒸しをする

〈蒸し方〉
鍋に容器を置き、熱湯を入れてそのまま蒸す。

10分後

OK!

手軽さで

見た目はなめらか、
食感はプルッと。

／ふるふる、トロトロの仕上がり！＼

直蒸しでも手軽なうえ なめらかな食感に

茶碗蒸しは、蒸す温度によって食感に違いがでてきます。蒸し器で蒸すなら、火加減や蓋をずらすなどの温度調節をするのがポイントです。鍋などで簡単に直蒸しする場合は、容器の高さの⅓くらいまで熱湯を入れて蓋を少しずらしてそのまま蒸しましょう。口当たりもよく、なめらかな茶碗蒸しが簡単にできます。

蒸す調理法徹底検証②

Q さつまいもを蒸す、どっちが正解？

A 蒸し器で蒸す

〈蒸し方〉
蒸気の上がった蒸し器で15分蒸す。

15分後

OK!

味わいで

ほくほく甘く、
断面の色もきれい。

／時間はかかるけど
甘みが強く、しっとり！＼

B 電子レンジで加熱する

〈蒸し方〉
電子レンジで10分加熱する。

10分後

NG!

身割れしてボソボソ、
色みもくすんでしまった。

／簡単だけど
甘みが弱く、パサつく……＼

蒸し器でじっくり蒸すことで甘みが増す

でんぷん質が多いいも類は、熱と水分を加えることでふっくらします。熱の当たりが強いとおいしくなるため、蓋をして蒸しましょう。さつまいもは、加熱するとアミラーゼという酵素が働き、甘くなります。これは時間をかけて蒸すことによりアミラーゼが長く作用し、甘さが増すのです。電子レンジを使うと加熱時間によっては焦げる場合も。

料理を極める⑤
蒸す

水蒸気の熱でゆるやかに加熱する

蒸し方の種類

蒸し器で

蒸気が抜けやすく水滴が落ちにくい。魚や卵などの蒸し物向き。

電子レンジで

短時間でできるが、食材によって時間を注意する必要がある。

直蒸しで

鍋に直接器を入れ、器の高さの1/3くらいまで水を入れて蒸す。

蒸す料理の利点

① 魚や肉はしっとりやわらかに

蒸気の熱によって身がやわらかくなりしっとりする。

② 卵は口当たりなめらか

加熱速度がゆるやかなため、口当たりがなめらかに。

③ いもは焦がさずじっくり加熱

蒸気が続くため、焦げつくことがなくじっくり加熱。

④ もち米は全体にムラなく熱を通す

落ちた水蒸気をもち米が吸収し、ムラなく熱が回る。

アクの少ない野菜や鮮度のよい魚がおすすめ

蒸す調理法は、食材の味成分が失われにくい一方で、アクも残りやすいという特徴があります。蒸し物にするときは、アクの少ない穀物類や魚、肉、いも類、きのこ類、卵、豆腐などが向いています。魚は、たらなどの白身魚や鮭が向いていますが、味成分が失われないかわりに、生臭さも抜けないので鮮度の高いものを選びましょう。

蒸す料理のポイント

食材の特徴の変化に合わせることが大切

米やいもなどのでんぷん質の食材は、水と熱を加えるとふっくらします。これは、でんぷんが加熱されてα-でんぷんに変化するため。でんぷん質の食材は、時間をかけて加熱し、熱の当たりを強くするとおいしくなります。また、卵は90℃で蒸すのが理想的。卵を蒸すときは、火加減に気をつけ、蓋をずらして蒸気を逃しながら蒸しましょう。

蒸す料理をおいしく作るポイント

POINT 1　蒸気が上がってから蒸しはじめる

沸騰しないうちに食材を入れると、蒸気は冷えて水に戻り、食材の表面が水っぽくなる。

POINT 2　蓋を布巾で包む

蓋を乾いた布巾で包むと、蓋の内側についた水滴が食材に落ちて水っぽくなるのを防ぐ。

POINT 3　蒸し湯は多すぎるとNG

水量が多すぎると、沸騰したときに蒸し器の棚板の上まで湯が上がってくるのでNG。

POINT 4　直蒸しは蓋をずらして温度を調節する

蒸し器よりも手軽にできる直蒸しは、蓋をずらして温度調節することが成功の秘訣。

1 茶碗蒸し

茶碗蒸しは、なめらかでとろけるような食感がおいしさの決め手。スが立ち、かたくならない茶碗蒸しの作り方のコツを紹介します。

recipe: 茶碗蒸し

材料（2人分）

卵…1個
A
- だし汁…1カップ
- 塩…小さじ1/4
- しょうゆ…小さじ1/4

かまぼこ…2切れ
しめじ…少々
三つ葉…適量

作り方

① しめじは石づきを取り、小房に分ける。
② ボウルに卵を割り入れ、溶きほぐし、Aを加えて泡立てないように混ぜる。
③ 器にしめじとかまぼこを入れ、②の卵液を注いで器の蓋をする。
④ 鍋に③を入れ、器の1/3の高さまで熱湯を入れ、鍋蓋をして強火に2分程かける。
⑤ 沸騰してきたら鍋蓋をずらして弱火で10～15分蒸す。
⑥ 中央をスプーンなどで押してかたくなってたら蒸し上がり。三つ葉をのせる。

茶碗蒸しを手軽に作るコツ

①

卵液はかき混ぜすぎない

スが立ち、口当たりが悪くなるのを防ぐ

卵液は必要以上にかき混ぜないように。卵液に空気が含まれると加熱したときにそのまま固まり、スが立ちなめらかな食感が得られません。

②

卵液は漉さない

出来上がりに差はない

なめらかな口当たりがポイントになる茶碗蒸しですが、卵液をわざわざ漉さなくてもOK。ただし、カラザは取り除いておきましょう。

③

鍋で蒸せばかんたん

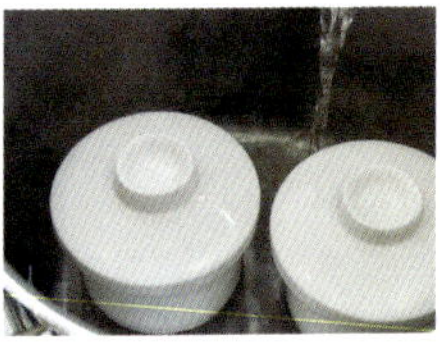

ふるふるなめらかに仕上がる

蒸し器を使わずに鍋で蒸すことも可能です。容器の高さの1/3くらいまで熱湯を入れ、90℃くらいを保って静かに加熱しましょう。

2 魚の蒸し物

身崩れせずにふっくらと蒸しあげる魚の蒸し物。たらや鯛などの白身魚を使って、見た目も味も上品にふっくらと仕上げましょう。

recipe: たらの蒸し物

材料（2人分）

白身魚（たらなど）… 2切れ
塩…小さじ1/6
昆布（5cm角）… 2枚
酒…大さじ1/2
ポン酢しょうゆ…適量

作り方

① たらなどの白身魚に塩をふって30分程おき、水けを拭く。
② 深めの器（または耐熱皿）に昆布を敷き、白身魚をのせて酒をふる。
③ 蒸気の上がった蒸し器に②を器ごと入れ、強めの中火で12〜15分蒸す。
④ 好みの薬味を添え、ポン酢しょうゆにつけて食べる。

魚の蒸し物をうまみ濃く作るコツ

①

新鮮な魚を選ぶ

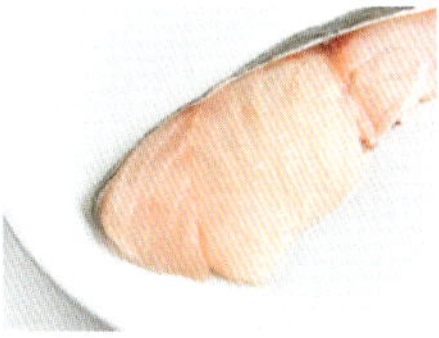

生臭さを避けるために

蒸し物は、食材のうまみや甘み成分が抜けないかわりに、臭いなども外に出ません。生臭さを残さないためにも鮮度のよいものを選びましょう。

②

蒸気が上がったら食材を入れる

魚の栄養成分とうまみの流出を防ぐ

水が沸騰しないうちに入れると、食材の表面温度が低いため水滴ができて水っぽくなり、食材の栄養素やうまみ成分が流出しやすくなります。

③

蓋を乾いた布巾で包む

水っぽくなるのを防ぐ

加熱すると蒸し器の蓋の内側に水滴ができ、それが食材の上に落ちて水っぽくなります。蓋を乾いた布巾で包み、水滴を吸収させましょう。

3 鶏肉の酒蒸し

蒸し鶏は、火を通しすぎるとパサついてかたくなります。鶏肉をしっとりとやわらかくジューシーに蒸すコツを覚えましょう。

recipe: 鶏肉の酒蒸し

材料（2人分）

鶏もも肉…1枚
長ねぎ…1/4本
しょうが…1/2かけ
酒…大さじ1
塩…小さじ1/4

作り方

① 長ねぎはぶつ切り、しょうがは薄切りにする。
② 鶏肉の皮にフォークで穴をあけ、塩を全体にふり、手でもみ込む。
③ 耐熱皿に鶏肉を入れ、長ねぎ、しょうがをのせ、酒をふる。
④ 蒸気の上がった蒸し器に③を器ごと入れ、強火で15～20分蒸し、火を止めてそのまま冷ます。
⑤ 好みのたれをかけて食べる。

鶏肉の酒蒸しをしっとり仕上げるコツ

①

皮目に穴をあける

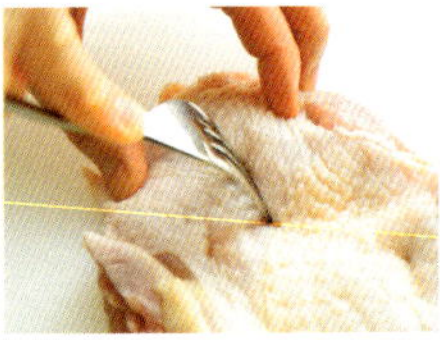

味がしみやすく皮が縮むのを防ぐ

鶏肉は皮目にフォークや竹串で刺して穴をあけましょう。火の通りが速いうえ、蒸したときに皮の縮みを防ぎ、味がしみ込みやすくなります。

②

強火で短時間で蒸す

臭みが取れてジューシーに

強火で短時間で蒸すと臭みが取れます。鶏肉は保水性が低いので、加熱しすぎると肉汁が流出してしまい、身がパサつきかたくなります。

③

電子レンジを使っても

1分30秒でできるから手軽

電子レンジは短時間で蒸すことができます。ただし、加熱時間によって身がしまりやすいので、各メーカーの説明書通りに加熱しましょう。

4 あさりの酒蒸し

磯の香りが引き立つあさりの酒蒸し。身をふっくらと蒸し上げ、程よい塩加減のうまみが詰まった蒸し汁もおいしい一品です。

recipe: あさりの酒蒸し

材料（2人分）

あさり（殻つき）…200g
酒…大さじ1 1/2
塩…適宜
万能ねぎ（小口切り）
…1/2〜1本

作り方

① あさりは砂抜きし、たっぷりの水の中で殻をこすり合わせるようにして洗う。水は2〜3回替える。
② 鍋に酒、あさりを入れ、蓋をして強火にかける。
③ 3〜4分したら蓋を開け、殻が開き始めたら鍋を揺り動かし、殻がほぼ全部開いたら火を止める。
④ 味をみて、塩けが足りないようなら塩少々をふる。
⑤ 器に盛り、万能ねぎを散らす。

あさりの酒蒸しをふっくら仕上げるコツ

①

3％の塩水に入れて砂抜き

室温で暗いところがベスト

海水と同じ3％濃度の塩水をかぶるくらい加え、室温の暗い場所に3時間以上置いて砂抜きを。冷蔵庫は水温が低くなり砂を吐きません。

②

強火で一気に蒸す

身がふっくらしたまま殻が開く

強火で加熱すると熱い蒸気が貝全体にいきわたり、貝のちょうつがいの部分のたんぱく質が凝固して、ほぼ時間差がなく同時に貝が開きます。

③

にんにく、しょうがなどを加えても

塩の入れすぎ防止に風味をつける

塩加減が難しく、塩辛くなってしまいがちな酒蒸しですが、にんにくやしょうがなどを加えて風味づけをすれば、塩は少しでOK。減塩もできます。

Q から揚げを揚げる、どう違う？

A 少量ずつ揚げる

〈揚げ方〉
少量ずつ180℃程度の油で揚げる。

2分後

OK!

食感で

カラッと揚がるが、
火の通しすぎに注意。

カラッと揚がるが
温度管理が難しい……

B 一度にたくさん揚げる

〈揚げ方〉
たくさんの量を180℃程度の油で揚げる。

3分後

OK!

うまみで

カラッと揚がり、
食感もしっとりとジューシー。

カラッと揚がって
肉汁たっぷり！

一定の温度を保って ジューシーな仕上がり

から揚げは一度に揚げる量が多すぎると、油の温度が急激に下がるのでカラッと揚がらないといわれています。しかし、油の温度を保てば、少し多めの量でも短時間で中までしっかりと火が通り、中はジューシーで表面はカラッと揚がります。菜箸や揚げ衣で温度をみるのではなく、温度計を使って一定の温度を維持することがポイントです。

揚げる調理法徹底検証②

Q 魚のフライを揚げる、どっちが正解？

A 少量ずつ揚げる

〈揚げ方〉
少量ずつ180℃程度の油で揚げる。

1分30秒後

OK!

食感で○

短時間でサクッと揚がり、油っぽくない。

＼衣サクサク！身もふっくら！／

B 一度にたくさん揚げる

〈揚げ方〉
表面積いっぱいの量を180℃程度の油で揚げる。

3分後

NG!

×

時間がかかってベタついた仕上がり。

＼量が多いと油の温度が下がりがち／

火の通りが速い魚は少量を短時間で揚げる

魚のフライは火が通りやすいため、すぐきつね色に揚げ色がつきます。衣を焦がさずサクッと揚げるには、温度を保ちながら少量ずつ短時間で揚げましょう。油の表面積いっぱいの量を一気に揚げると、油の温度が急激に下がり時間もかかるので、火が通りすぎてベチャッとした油っぽい仕上がりになりがちです。油の温度を少し高くすれば、失敗も防ぐことができるでしょう。

Q 少ない油で揚げる、どっちが正解？

A 高温にして強火で揚げる

〈揚げ方〉
とんかつを180℃の油で強火で揚げる。

5分後

×

食感はパサついてかため。

焦げやすい……

B 低温からじっくり揚げる

〈揚げ方〉
170℃程度の油で中火でじっくり揚げる。

5分後

食感で ○

うまみを逃さず、ジューシーな仕上がり。

しっとりソフトな食感！

少ない油で揚げるときは低温からじっくりと

油の量が少ないと温度が上がるのも速いため、油はすぐ高温になってしまいます。そのため、中までじっくり火が通る前に衣だけ揚がってしまい、焦げてしまうことも。少ない油で揚げ物をするときは、低温からじっくり揚げると、衣が焦げることなく、中まで火が通ります。また、肉の食感もやわらかくジューシーに仕上がります。

揚げる調理法徹底検証④

Q ポテトチップスを揚げる、どっちが正解？

A そのまま揚げる

〈揚げ方〉
スライスしたじゃがいもを180℃の油で揚げる。

4分後

NG!

✕

揚げ色にムラができてしまう。

ねっとり、油っぽい……

B 一度水にさらしてから

〈揚げ方〉
10分程水にさらし、水けを拭き取って180℃の油で揚げる。

4分後

OK!

歯触りで○

カラッと、均一に揚がっている。

パリパリッ！サクサク！

カラッと揚げるには いもを水につける

じゃがいもに含まれている糖分は、水分をひきつける性質があります。そのため、スライスしたものをすぐ揚げると、水分が出ていけず、しんなりしてしまいます。糖は水に溶ける性質も持っているため、スライスしたあと水につけることで、じゃがいもの糖分が溶け出るため、カラッと揚がります。水につけたあとは、水けを拭き取ってから揚げましょう。

料理を極める⑥

揚げる

たっぷりの油の中で材料を加熱する

揚げ物の料理

素揚げ

小麦粉や揚げ衣をつけずに食材をそのまま揚げる調理法。

フライ

食材に溶き卵とパン粉をつけて高温の油で揚げる調理法。

から揚げ

肉や魚などに小麦粉や片栗粉をまぶして高温の油で揚げる調理法。

揚げる料理の目的

① 食材から水分を上手に出す

高温の油で加熱して食材に火を通すが、表面の水分は蒸発する。

② 揚げ油を吸収して火を通す

食材の表面の水分が蒸発すると、代わりに揚げ油が入り込む。

表面に揚げ色をつけながら中まで火を通す

揚げ物は、油の適温を保つことが上手に揚げる秘訣です。油の温度が高すぎると、中まで火が通らないうちに表面が焦げてしまいます。また、水分が十分に抜けきらないうえに、余分な油も付着してしまいます。反対に、油の温度が低すぎると油ぎれが悪く、重い仕上がりになってしまいます。油の温度管理を徹底することからはじめましょう。

揚げ油の温度で決まる

食材に合わせた温度管理でカラッと揚げる

揚げ物をカラッと揚げるには、揚げ油の温度と揚げ時間がポイントになります。食材によって火の通りに違いがあるので、最初は温度計を使って温度管理をしながら揚げましょう。材料の水分を上手に追い出すことがカラッとおいしく揚がる秘訣です。少ない油で揚げるときは、少し低めの温度から揚げはじめて水分を十分に蒸発させましょう。

揚げ物をおいしく作るポイント

POINT 1 温度計を使う

油の温度は変化するので、一定温度を保つために温度計が必要。

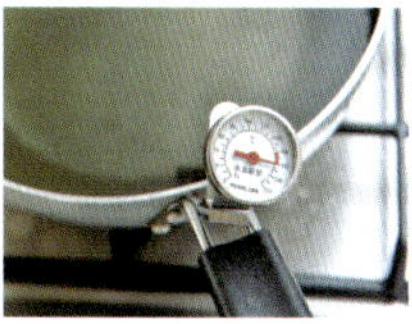

POINT 2 食材や量に応じた温度を保つ

火加減に注意して温度を保てば、少し量を多くしてもOK。

POINT 3 フライ衣は固まるまでいじらない

衣が固まらないうちに触ると、はがれたりやぶれたりしてしまう。

POINT 4 揚げ上がりは泡の出方で判断する

たねや衣から泡（水分）の出が少なくなったら引き上げる。

1 から揚げ

鶏のから揚げは、表面に揚げ色がついていても中は生っぽいことがあります。中まで火を通しカラッと揚げるコツを覚えましょう。

recipe: 鶏のから揚げ

材料（2人分）

鶏もも肉・手羽肉など
…400g

A
- 酒…大さじ1/2
- しょうゆ…小さじ1/2
- 塩…小さじ1/6
- こしょう…少々

B
- 溶き卵…1/2個分
- 小麦粉・片栗粉
…各大さじ2弱

サラダ油…大さじ1/2
揚げ油…適量

作り方

① ボウルに鶏肉を入れ、Aを加えてよくもみ込み、10分程おく。
② ①にBを加えてからめ、最後にサラダ油を加えて混ぜる。
③ 160℃に熱した揚げ油に入れ、ときどき混ぜて5～6分揚げ、いったん取り出す。
④ 揚げ油を180～200℃まで上げ、③を戻し入れて、こんがり色づき、カラッとするまで二度揚げする。

から揚げをカラッと揚げるコツ

①
衣に溶き卵、油を加える

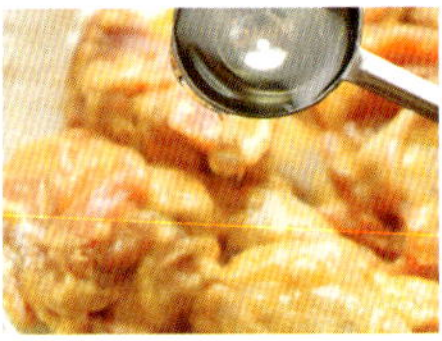

サクッとふんわり揚がる

衣に溶き卵をプラスすることによって、粉がたくさんつくため衣が厚くなります。揚げたときにサクッとしたボリュームのある衣になります。

②
低温で5～6分

中心部まで火を通す

まずは160℃の低温の油でじっくり揚げましょう。低温で揚げることにより中までしっかり火が通り、材料の水分が抜けます。

③
高温で二度揚げ

カラッとした仕上がりに

低温で揚げて一度取り出し、再度180～200℃で二度揚げします。一回で全量を揚げるときは、二度揚げせずに引き上げ直前に火を強めても。

2 とんかつ

衣は香ばしく焦げ風味をつけカリッとさせ、中はしっかり火を通して、しっとり揚げるには、油の温度と時間がポイントです。

recipe: とんかつ

材料（2人分）

豚ロース肉…2枚（1枚100g）
塩・こしょう…各少々
溶き卵…1/2個分
小麦粉…大さじ2
パン粉…1/2カップ
揚げ油…適量

作り方

① 豚肉は筋を包丁で数カ所切り、軽くたたいて塩、こしょうをふる。
② 溶き卵はこし器を通しながらバットに入れ、小麦粉やパン粉もそれぞれバットに入れておく。
③ 豚肉に小麦粉をまぶし、溶き卵をからめ、パン粉をまぶす。
④ 170℃に熱した揚げ油に入れ、3～4分揚げる。

とんかつを外はカリッと中はしっとり揚げるコツ

① 肉たたきでたたく

肉がやわらかくなる

肉をたたくと筋繊維がつぶれて食感がやわらかくなりますが、肉が薄くなるため、身を寄せて、元の形に戻してから調理しましょう。

② 衣は両手ではさんで押さえる

衣をなじませるとはがれにくい

肉に衣をつけたら両手ではさんで押さえ落ちつかせます。衣を落ちつかせると、油の中でパン粉が散るのを防ぎ、衣がしっかり揚がります。

③ 返すのは一度だけ

カリッとした仕上がりに

とんかつは、衣に適度な焦げ風味をつけて、中心部まで火を通すのが理想的です。油の温度に気をつけながら、片面ずつじっくり揚げましょう。

3 かき揚げ

かき揚げは、いくつかの食材を衣でつなぐため、材料が散りやすく失敗することも。散らずにサクッと揚がるコツを覚えましょう。

recipe: えびと三つ葉のかき揚げ

材料（2人分）

芝えび…10尾（100ｇ）
三つ葉…25ｇ
衣
- 溶き卵黄…1/2個分
- 冷水…適量
- 小麦粉…1/2カップ

揚げ油…適量

作り方

① えびは背ワタを取り除く。三つ葉は3～4cm幅のざく切りにする。
② 計量カップに卵黄と冷水を合わせて1/2カップにし、ボウルに移して混ぜ合わせる。
③ ②に小麦粉をふり入れ、ダマや粘りけがなくなるまで混ぜ合わせて衣を作る。衣が薄いようなら、小麦粉を少し足してもよい。
④ ①を加え、衣がからまるように混ぜる。
⑤ ④を1/4量ずつ木ベラにのせ、170℃に熱した揚げ油に入れて10秒程、裏返して油の温度を180℃に上げてカリッと揚げる。

かき揚げをまとまりよく揚げるコツ

① 衣はやや濃いめにする

衣が散るのを防ぐ

複数の食材を衣でつなぐため、衣をやや濃くしてつなぎを強くしましょう。衣を濃いめにすると、食材がまとまるので散りにくくなります。

② たねは木ベラにのせて平らにする

箸で押して入れると形もきれいに

油に入れるときは、木ベラの上にたねをのせて形を整えましょう。箸などで押して滑らせるように入れると、形崩れや散らばりを防ぎます。

③ やや低めの温度から揚げる

表面が固まってきたら180℃で

最初から高温で揚げると、食材の表面の水分が十分に放出されず焦げてしまいます。最初は低温で、衣が固まってきたら高温で揚げましょう。

4 えびフライ

えびフライをまっすぐ揚げるには、下処理に秘密があります。くるっと丸まらないポイントを覚えて作りましょう。

recipe: えびフライ

材料（2人分）

えび…4尾
塩・こしょう…各少々
衣
- 溶き卵…1/2個分
- 小麦粉・パン粉…各適量

揚げ油…適量

作り方

① えびは頭と背ワタを取り、尾とひと節を残して殻をむく。
② 腹側に数カ所切り目を入れ、尾のけん先を切り、尾をしごいて中の水を出す。
③ 水けを拭き、塩、こしょうを軽くふる。
④ 小麦粉、溶き卵、パン粉の順に衣をつける。
⑤ バットにパン粉を敷き、衣をつけたえびを並べ、表面にも軽くパン粉をかける。ラップで覆い、冷蔵庫で30分程寝かせる。
⑥ 180℃に熱した揚げ油に入れ、1分程揚げる。

えびフライの衣がはげずにまっすぐ揚げるコツ

① えびを下処理する

丸まらずまっすぐ揚がる

えびは背ワタを取り除いて殻をむき、腹側に数カ所切り目を入れましょう。切り目を入れたら、節を伸ばすようにまっすぐにします。

② 衣はつけたあと冷蔵庫で寝かせる

油はね、衣が散るのを防止

衣をつけてからしばらく寝かせると、揚げたときに衣がはがれずきれいに揚がります。また、水分を吸収させることで油はねを防ぎます。

③ 180℃で短時間

中はふっくら衣はサクサク!!

油の温度が下がらないように少量ずつ揚げます。高温の揚げ油で短時間がポイント。揚げる時間が長くなると、衣が焦げたりベタつきの原因に。

Q ごはんを炊く、どう違う？（炊飯器）

A 浸水してから炊飯器で炊く

〈炊き方〉
浸水させてから炊く。

炊飯後

OK!

食感で

つやつやと
ふっくらした炊き上がり。

／ふっくらおいしい！
浸水なしと変わらない＼

B 浸水せずに炊飯器で炊く

〈炊き方〉
米をといですぐに炊き始める。

炊飯後

OK!

手軽さで

こちらもつやつやと
ふっくらした炊き上がり。

／ふっくら
おいしく炊ける！＼

マイコン式の炊飯器は浸水する必要なし

米は冬なら1時間、夏は30分程度の浸水が必要といわれていますが、マイコン式の炊飯器で炊く場合、基本的に浸水する必要はありません。というのも、炊飯器はスイッチを入れると急速に水温が上がります（40℃程度）。水温が高いと米の吸水が早く、短時間で吸水ができます。そのあとに炊飯、蒸らしといった工程がプログラミングされているからです。

炊く調理法徹底検証②

Q ごはんを炊く、どう違う？（鍋）

A 浸水してから鍋で炊く

〈炊き方〉
浸水させてから炊く。

炊飯後

OK!

食感で

芯が残らず、
ふっくらとした炊き上がり。

／ふっくら、つやつや！＼

B 浸水せずに鍋で炊く

〈炊き方〉
米をといですぐに鍋を火にかける。

炊飯後

NG!

少し芯が残っているような
食感。

／パサパサ、かたい……＼

米の内部まで水を吸水させることがポイント

鍋でごはんを炊く場合は、米の中心部までしっかり水を吸わせること。浸水が中途半端な状態で炊き始めると、米のまわりは吸水した水と熱でごはんになりますが、水が浸透していない内部は米のまま残り、芯のある状態になります。浸水後、沸騰するまで米は軟化しながら吸水を続けるので、8～10分かけて沸騰させるようにしましょう。

Q 炊き込みごはんを炊く、どっちが正解？

A 米は調味料と一緒に浸水

〈炊き方〉
１時間程調味液と一緒に浸水させ、具材を加えて炊く。

炊飯後

NG!

×

食材の味が
ぼやけてしまった。

／芯が残り、味も薄め……＼

B 調味料は直前に加えて炊く

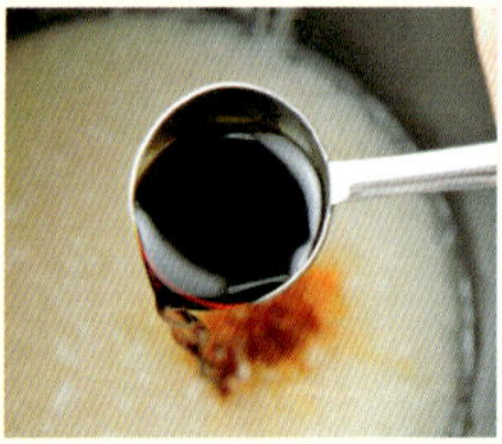

〈炊き方〉
10～30分浸水させてから調味料を入れ、具材を加えて炊く。

炊飯後

OK!

味わいで ○

食材の風味がしっかり
残っておいしく炊けた。

／ふっくら
しっかりとした味わい！＼

**調味料は炊く直前に加え
米と一緒に浸水させない**

塩やしょうゆ、酒などの調味料は、米の吸水を妨げます。鍋で炊く場合は浸水したあとに、炊飯器の場合は少し浸水させてから調味料を加えましょう。米と調味料を一緒に浸水すると、芯が残る原因となります。また、炊き込みごはんのベタつきを防ぐには、酒を加えましょう。ごはんをかたくして、ベタつきを防ぎ、風味が増します。

炊く調理法徹底検証④

Q 炊飯器で赤飯を炊く、どっちが正解？

A もち米は洗ってすぐに炊く

〈炊き方〉
もち米は浸水せずに炊く。

炊飯後

OK!

食感で

おこわらしい食感と
豆の風味がおいしい。

／もちもち、つやつや！＼

B もち米は水に1時間浸水

〈炊き方〉
浸水させてザルに上げてから炊く。

炊飯後

NG!

粘りけがあり、
ねっとりした食感。

／ベチャッとした食感……＼

もち米は吸水が速いので浸水の必要なし

赤飯は本来、蒸して作る「おこわ」です。蒸す場合、もち米の浸水時間がポイントとなりますが、炊飯器で炊く場合は、浸水するとかえってベタつき、ねっとりしてしまうので注意しましょう。もち米を洗ったらすぐ炊くことが、おいしく仕上げるコツです。炊飯器メーカーによって水加減などが異なるので、機種に合った作り方で炊きましょう。

料理を極める⑦

ごはん料理

米に水と熱を加えると
でんぷんが変化する

炊く道具の種類

炊飯器

浸水から蒸らし時間まで全工程がプログラミングされている。

鍋（ホーローなど）

ホーロー鍋は熱伝導が速く、少量のごはんを炊くのに便利。

土鍋

熱伝導がゆっくりなため、米のうまみや甘みがじんわりと出る。

でんぷんの変化

① **β-でんぷんに水を含ませる**

米に詰まっている鎖状のβ-でんぷんに水を含ませる。

»»»

② **熱を加えてα-でんぷんに**

さらに熱でときほぐし、すき間のあるα-でんぷんに変化させる。

浸水はするのか、しないのか？

炊飯器で炊く場合は、基本的に浸水の必要はありません。鍋などで炊く場合、冬は1時間、夏は30分浸水させて、米の中心まで水を浸透させましょう。十分に吸水されないうちに加熱すると、表面はごはんになりますが、中は水が不足しているため、熱だけが伝わりβ-でんぷんがα-でんぷんに変化できず、芯のあるごはんになってしまいます。

おいしさの秘訣は水と熱の加え方

炊飯器ではなく、鍋で炊くときは

精白米を炊く場合の水の量は、米の容量の1・2倍、重量では1・5倍、浸水後の米では同容量が目安です。鍋で炊く場合は、洗米後30～60分水に浸して吸水させ、8～10分くらいかけて沸騰させ、沸騰直後は数分間高温を保ってから火を弱めて20分程度加熱します。火を止めたあとは、蓋をしたまま10分程度おいて蒸らしましょう。

鍋でごはんを炊く仕組み

浸水する
水に浸して吸水
浸して吸水させる。

30～60分水に浸し、ザルに上げる

加熱スタート
米の量に応じて火加減する
米と分量の水を入れ、蓋をして8～10分かけて沸騰させる。

強火のまま2～3分

火を弱めて加熱
火を弱めて加熱
香ばしい香りがしてきたら弱火にする。

弱火で20分

蒸らす
蓋をとらない
火を止め蓋をしたまま約10分おいて蒸らす。

完成
ごはんをほぐす
ほぐして余分な蒸気を逃し、つやを出す。

米の種類と水加減

米と水の割合を覚えておく

	米の種類		
	精白米	胚芽米	無洗米
米	1	1	1
水	1.2	1.4	1.3

精白米の水加減は、米の容量の1.2倍程度に。胚芽米は洗うと胚芽部分が取れやすいので、洗米しないで炊きます。水は胚芽米の容量の1.4倍にしましょう。1時間程度の浸水も必要です。無洗米は洗わないので、洗米時の吸水がありません。精白米と違い、ぬかが除かれているため、1カップの重量は精白米より多くなります。水量は米の容量の1.3倍にしましょう。

1 白いごはん

毎日ごはんを炊いていても、上手に炊けないことがあります。ふっくらとつやつやした、おいしいごはんの炊き方を復習しましょう。

recipe: 白いごはん

材料（2人分）

【炊飯器】
米… 1合（150ｇ）
水… 1合の目盛りまで

【鍋】
米… 1カップ（170ｇ）
水…1.2カップ（240ｇ）

作り方

【炊飯器】
① 米は内釜に入れて手早く洗い、1合の目盛りまで水を注ぎ、普通に炊く。

【鍋】
① 火にかけて8～10分程で沸騰するように火加減し、沸騰したら2～3分強火にする。
② 弱火にして20分加熱して火を止め、そのまま10分蒸らす。

※両方とも炊き上がったらさっくり混ぜる。

白いごはんをふっくら炊くコツ

① 米は手早く洗う

ぬか臭さを取り除く

最初の水にはぬかが溶け出すので、ぬかが出た水を吸水させないように、よくかき混ぜたら素早く捨てましょう。

② 炊飯器で炊くときは浸水しない

浸水なしでもふっくら

炊飯器は短時間で吸水できる浸水機能がプログラミングされています。浸水をしなくてもおいしく炊けるのが炊飯器のメリットでもあります。

③ 鍋で炊くときはきちんと浸水

浸水しないと芯が残る

鍋でごはんを炊くときは浸水が必要です。米の中心部までしっかり水を吸わせないと、内部まで水が浸透できず、ごはんに芯が残ります。

2 すし飯

程よい酢の香りと、パラリとした歯触りがおいしいすし飯。すし飯用のごはんの炊き方や、すし酢の合わせ方を覚えましょう。

recipe: いなりずし

材料（2人分）

米…1合（150g）／水…すし飯1合の目盛りまで／昆布（3cm角）… 1枚／すし酢A（酢…大さじ1 1/3、砂糖…大さじ1、塩…小さじ1 1/3）／油揚げ…小さめ2枚／白いりごま…大さじ1/2／煮汁B（水…1 1/3カップ、砂糖…大さじ2、しょうゆ…大さじ1 1/2、酒…大さじ1、みりん…小さじ1）

作り方

① 米は内釜に入れて洗い、すし飯1合の目盛りまで水を注ぎ、昆布を加えて普通に炊く。
② 炊き上がったら昆布を除いて軽くほぐし、よく混ぜたAを回しかけ、30秒程おく。
③ ②をボウルに移し、底から返すようにさっくり混ぜ、うちわであおぎながら冷ます。
④ 油揚げは半分に切って開き、油抜きする。
⑤ 鍋にBと軽く絞った④を入れ、落とし蓋をして汁けがなくなるまで30分程煮る。
⑥ 汁けを軽く絞った⑤にごまを混ぜたすし飯を詰める。

すし飯をパラリとさせるコツ

①

水加減は控えめに

ごはんをかために炊いてすし酢を入れる

ごはんは、酢を加えてもベタッとしないように水加減を控えめにします。ごはんの表面の水分を少なくすることで、酢を吸い込みやすくします。

②

ごはんが熱いうちにすし酢を混ぜる

すし酢がごはんに浸透してなじむ

すし酢は、炊き上がった直後のでんぷんが最もふくらんだときに加えます。ふくらんだ飯粒にはすき間があるので酢が浸透して味がなじみます。

③

冷ますのは底から返してさっくり

そのあとに急いであおぐ

酢を加えたごはんは、底から返してさっくり混ぜ、うちわであおいで冷まします。ごはんの温度が高いと酢の酸味が飛びすぎてしまいます。

3 炊き込みごはん

炊き込みごはんは、ベタつきやすく、味や色にムラができてしまうことも。失敗しないコツを覚えておいしく炊きましょう。

recipe: たけのこごはん

材料（2～3人分）

米…1 1/2合

A
- 昆布（5㎝角）…1枚
- 酒・しょうゆ…各大さじ1
- 塩…小さじ1/3

ゆでたけのこ…100g

油揚げ…1/2枚

作り方

① 鍋で炊くときは、米は炊く30分～1時間前に洗い、ザルに上げておく。

② 油揚げはせん切りにする。

③ ゆでたけのこは食べやすい大きさの薄切りにする。

④ 内釜に米と目盛りまで水を入れ、そこから大さじ2の水を捨てる。Aを加え、②、③を加えて平らにし、普通に炊く。

⑤ 炊き上がったら昆布を除き、さっくり混ぜる。

炊き込みごはんをベタつかせずに炊くコツ

①

調味料を加えるときは必ず浸水を

調味料が入ると吸水しない

白いごはんを炊飯器で炊く場合は浸水の必要はありませんが、調味料が入る場合は必ず浸水してからザルに上げます。調味料が先に入ると浸水しにくくなります。

②

炊飯器で炊くとき調味料は直前に

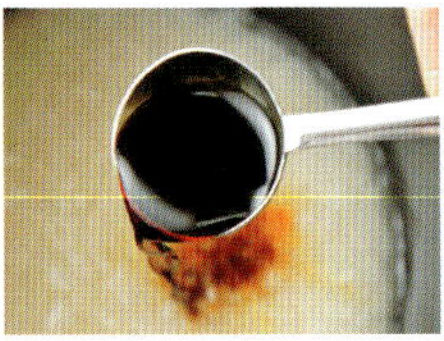

大さじ2の水を捨ててから調味料を

炊飯器で炊く場合も、鍋で炊く場合も浸水が必要です。分量の水を加え、炊く直前に液体調味料分の水を捨ててから、調味料を入れるのがポイントです。

③

具材は平らにならす

ムラができないようにする

具材は米と混ぜ合わせないようにしましょう。米の上に具材をおいて平らにならすことで、味や色にムラができずに均一に炊き上がります。

4 チャーハン

ごはんの一粒一粒に油をまといパラリとしたチャーハン。香ばしくてうまみたっぷりの本格チャーハンはコツさえつかめば簡単です。

recipe: 卵チャーハン

材料（2人分）

ごはん…400～450g
卵…2個
ハム…30g
長ねぎ…1/2本
サラダ油…大さじ3
塩…小さじ1/5
しょうゆ…小さじ1/2

※冷やごはんを使用する場合は電子レンジで温めておく

作り方

① ハムは5mm角、長ねぎはみじん切り、卵はボウルに割りほぐしておく。
② 鉄製のフライパンや中華鍋をよく熱して油を入れ、卵を入れて素早くかき混ぜ、半熟になったらごはんを加える。
③ ごはんと卵が混ざったら、ハムと長ねぎを加える。
④ 鍋底にヘラを入れて返すようにしながら、ごはんの粒がパラリとするまで4～5分炒める。塩、しょうゆを加えて調味する。

チャーハンをパラリと仕上げるコツ

① から焼きしてから油を入れる

鉄製のフライパンや中華鍋を使うときに

炒める前に中華鍋をしっかり熱することがポイントです。ただし、油を入れてから加熱しすぎるのはNG。油が焦げて仕上がりが汚くなります。

② パチパチと音がするまで炒める

4～5分炒めてパラリと仕上げる

ごはんの一粒一粒を油の膜で覆うとパラリとしたチャーハンに仕上がります。時間をかけて米がパチパチと音を立てるまで炒めましょう。

③ 鍋肌にしょうゆをたらす

最後に香りをつける

しょうゆは具材に直接かけずに鍋のふち（鍋肌）にたらして回し入れます。鍋肌にたらすことによって、しょうゆが焦げて香ばしくなります。

COLUMN

おいしい麺のゆで方

麺類は、そば、パスタなどの種類や、乾麺、生麺といった麺の状態によりゆで方が異なります。麺のおいしいゆで方を覚えましょう。

POINT 1 たっぷりの湯を沸かす

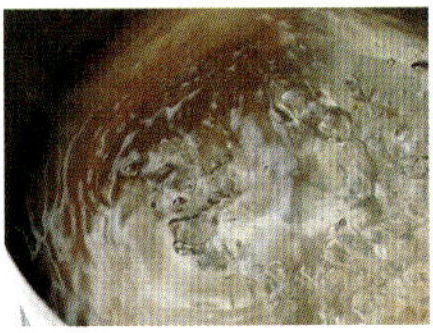

乾麺は、たっぷりの沸騰した湯に入れてゆでることにより、麺一本一本に均一に火が通るため、ツルッとのど越しのよい麺になる。

POINT 2 麺を入れたらしばらく混ぜる

沸騰した湯に、麺を鍋いっぱいに広げ入れ、再沸騰するまで軽くかき混ぜ、底に沈んだ麺を鍋にくっつかないようにする。

POINT 3 終始強火でゆでる

強火でゆで続けると、麺は泳ぐようにゆだり、均一に火が通る。また、麺同士がこすれないので、一本一本なめらかにゆで上がる。

POINT 4 吹きこぼさないようにゆでる

麺は熱によりでんぷんが溶けて糊化し、粘りが生じるため吹きこぼれを起こすことも。吹きこぼれない程度の火加減に調節する。

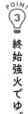

麺の種類別 ゆで方ポイント

そば（乾麺）

たっぷりの沸騰した湯に１束ずつパラパラと入れ、沈んだそばが浮き上がったら、やさしくかき混ぜる。差し水をせずに、吹きこぼれに注意しながら火加減を調整する。

うどん（半生麺）

たっぷりの沸騰した湯に、ほぐさずにそのまま入れる。しばらくしてうどんが浮き上がってきたら、やさしくほぐし、浮き上がるまで混ぜないようにする。

そうめん（乾麺）

たっぷりの沸騰した湯にパラパラと入れたら、菜箸ですばやくかき混ぜる。ゆで上がったらザルに上げ、流水でぬめりが取れるまでしっかりもみ洗いすること。

パスタ（乾麺）

塩を入れたたっぷりの沸騰した湯に放射状に入れ、パスタ同士がくっつかないようにかき混ぜる。袋の表示時間より少し早めに引き上げると、アルデンテにゆで上がる。

ラーメン（生麺）

生麺についた粉をたたいてよく落としてから、たっぷりの沸騰した湯に入れて、ときどきかき回す。袋の表示時間よりも少し早めに引き上げ、すばやくしっかりと水きりすること。

POINT 5

冷たくして食べるときは手早く水にさらす

ザルに上げ、流水で洗うことにより表面のでんぷんの粘りが取れ、コシのある麺に。時間が経つとコシはなくなってしまう。

POINT 6

パスタをゆでるときは塩を入れる

パスタをゆでるときは、ゆで湯の重量に対して1%の塩を沸騰した湯に加える。コシが強くなりアルデンテの状態にゆで上がる。

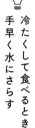

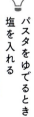

COLUMN

グリルの片面と両面で焼くときの違いは？

魚の盛りつけの基本は、頭が左で尾が右、背が向こうで腹が手前です。切り身魚は皮目を上にして盛りますが、鮭のように紅色を生かしたいときは、身を上にすることがあります。魚を片面焼きグリルで焼くときは、盛りつけるときに表になる皮目に切り目を入れて塩をふり、皮目を下にして焼きます。両面焼きグリルで焼くときも同様に、皮目に切り目を入れて、塩をふって焼きますが、両面グリルは上下同時に加熱されるため、途中で裏返す必要がありません。全体によい焼き色をつけるには、上火と下火の温度調節や食材との距離がポイントになります。

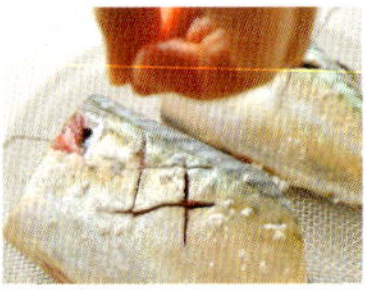

塩をふることで弾力のある肉質に。

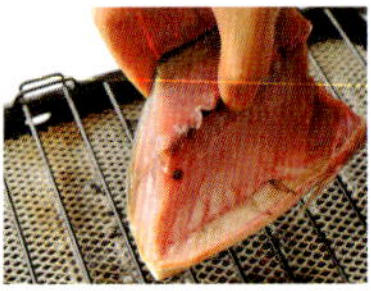

盛りつけるときに表になる方を下に。

PART

4

調味料の役割と味つけ

調味料は、料理の味つけだけでなく、下ごしらえにも欠かせません。食材のうまみを引き出す、アクや臭みを取る、脱水させる、煮崩れを防ぐなどさまざまな働きがあります。

味つけを極める
調味料を量る

どのように味つけすればおいしいか

調味料の種類

固体類
固形だし（ブイヨンなど）、カレールウなどキューブ状のもの。

液体類
しょうゆ、酢、みりん、ソース、たれ、油など液体のもの。

粉類
塩や砂糖、こしょう、粉末だし、うまみ調味料など粉状のもの。

調味料を量る目的

① ちょうどよい味つけを再現する

食材や料理に合った調味料で味つけするため。

② 塩分量を把握する

健康管理のため、塩分含有量を把握し、塩分コントロールをする。

改めて塩分量を意識して量るおさらいを

厚生労働省が公表している「日本人の食事摂取基準（2015年版）」によると、ナトリウム（食塩相当量）の目標量は、1日当たり成人男性で8・0g未満、成人女性では7・0g未満が推奨されています。減塩は、健康維持や、高血圧などの生活習慣病を予防するのに役立ちます。調味料をきちんと量り塩分コントロールを心がけましょう。

計量スプーン、計量カップの量り方

ふちをたたいたり、揺すったりしないこと

基本は、計量スプーンやカップで量ります。まず、量りとるものを多めに用意して、スプーンやカップにすくい入れ、塩などの固体のものならヘラを使って表面を平らにすりきります。すりきるときは、ヘラを垂直に立てましょう。また、表面が平らになるまで、スプーンやカップのふちをたたいたり、揺すったりすると正しい量が量れません。

調味料の正しい量り方

① 粉類は軽く山盛りにすくってからすりきる

計量スプーン大・小さじ1

山盛りにすくいとり、ヘラを使って表面を平らにすりきる。

大・小さじ1/2

大・小さじ1を量りヘラの柄をスプーンの中央にあて半分はらう。

大・小さじ1/4

1/2の量にしたものをさらにヘラの柄で半分はらう。

② 液体類は表面が盛り上がるぐらい

計量スプーン大・小さじ1

スプーンの表面に盛り上がってこぼれ落ちるくらいすくい取る。

大・小さじ1/2、1/3

液体類は目分量。大さじ1/2は小さじ1と1/2、大さじ1/3は小さじ1程度なので、大さじに入れて深さを確認する。その深さを参考に小さじでも量るとよい。

③ 計量カップは水平に

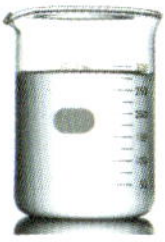

液体類

水平な場所に置き、必要量の目盛りにぴったり合わせる。

粉類

水平な場所に置き、必要量の目盛りまでふんわりと入れる。

調味料の塩分量

普段何げなく使っている調味料には、思いのほか多くの塩分が含まれています。塩分量を知ることで減塩にも役立ちます。

調味料の重量、塩分量は大さじは小さじの3倍です。塩、しょうゆ（濃口、薄口、減塩）に関しては、大さじ、小さじに塩がどのぐらい入っているかを具体的にイメージできるように、小数第一位を四捨五入して整数で表しています。ぜひ、減塩に役立ててください。

調味料名	大さじ1		小さじ1	
	g数	塩分量（g）	g数	塩分量（g）
食塩	18	18	6	6
並塩	15	15	5	5
精製塩	18	18	6	6
濃口しょうゆ	18	3	6	1
薄口しょうゆ	18	3	6	1
減塩しょうゆ（濃口）	18	1.5	6	0.5
たまりじょうゆ	18	2.3	6	0.8
再仕込みしょうゆ	18	2.2	6	0.7
白しょうゆ	18	2.6	6	0.9
だししょうゆ	18	1.2	6	0.4
照りしょうゆ	18	0.6	6	0.2
ナンプラー	18	4.2	6	1.4
甘みそ	18	1.2	6	0.4
米みそ（淡色辛みそ）	18	2.1	6	0.7
米みそ（赤色辛みそ）	18	2.4	6	0.8
麦みそ	18	1.8	6	0.6
豆みそ	18	2.1	6	0.7
減塩みそ	18	1.8	6	0.6
だし入りみそ	18	2.4	6	0.8
辛子酢みそ	18	0.6	6	0.2
ごまみそ	18	0.6	6	0.2
酢みそ	18	0.6	6	0.2
練りみそ	18	0.6	6	0.2
みりん	18	0	6	0
みりん風調味料	18	0	6	0
ゆずこしょう	15	3.9	5	1.3
チリペッパーソース	18	0.3	6	0.1
豆板醤	18	3.3	6	1.1

調味料名	大さじ1		小さじ1	
	g数	塩分量（g）	g数	塩分量（g）
甜麺醤	21	1.5	7	0.5
めんつゆ（ストレート）	18	0.6	6	0.2
めんつゆ（三倍濃縮）	18	1.8	6	0.6
ぽん酢しょうゆ	18	0.9	6	0.3
ウスターソース	18	1.5	6	0.5
中濃ソース	18	0.9	6	0.3
濃厚ソース	18	0.9	6	0.3
お好み焼きソース	21	1.2	7	0.4
オイスターソース（かき油）	18	2.1	6	0.7
トマトピュレ	15	0	5	0
トマトペースト	18	0	6	0
トマトケチャップ	15	0.6	5	0.2
トマトソース	18	0.1	6	0
チリソース	21	0.6	7	0.2
ミートソース	21	0.3	7	0.1
デミグラスソース	18	0.3	6	0.1
ホワイトソース	18	0.3	6	0.1
ドレッシングタイプ和風調味料	15	1.2	5	0.4
フレンチドレッシング	15	0.6	5	0.2
サウザンアイランドドレッシング	15	0.6	5	0.2
和風ドレッシング	15	0.6	5	0.2
ごまドレッシング	15	0.3	5	0.1
マリネ液	18	0.3	6	0.1
マヨネーズ（全卵型）	12	0.3	4	0.1
マヨネーズ（卵黄型）	12	0.3	4	0.1
マヨネーズ（低カロリータイプ）	12	0.3	4	0.1
冷やし中華のたれ	18	0.6	6	0.2
焼き鳥のたれ	18	0.9	6	0.3
焼き肉のたれ	18	1.5	6	0.5
みたらしのたれ	21	0.3	7	0.1
カレールウ	1人分20g	2.1		
ハヤシルウ	1人分20g	2.1		

Q だしをとる、どっちが正解？①

A 昆布は沸騰直前に取り出す

〈とり方〉
沸騰直前に昆布を取り出す。

取り出したあと

NG!

昆布特有のうまみを感じられない。

／味が薄い……＼

B 昆布は沸騰後１分加熱

〈とり方〉
沸騰してから１分程加熱して取り出す。

１分後

OK!

うまみで

昆布臭さもなく、風味が香り立っている。

／うまみが濃い！＼

沸騰直前の引き上げはうまみが溶出されない

上質な昆布は、うまみ成分であるグルタミン酸が多く、煮立てすぎるとぬめりや臭みが出てしまうため、沸騰直前に取り出すとされてきました。ただし、安価なだし昆布の場合は、グルタミン酸の含有量が少ないため、沸騰直前に取り出すのはＮＧ。１分程度煮立てることによって、グルタミン酸が程よく溶出され、臭みのないおいしいだしがとれます。

だしのとり方徹底検証②

Q だしをとる、どっちが正解？②

A かつお節を熱湯に加える

〈とり方〉
熱湯にかつお節を加え、弱火で1分煮る。

1分後

OK!

香り&うまみで

色が澄んでさっぱりとしたうまみがある。

香りもよく
おいしい！

B かつお節を水から入れる

〈とり方〉
水にかつお節を入れて火にかけ、沸騰してから弱火で1分煮る。

1分後

NG!

少し濁りがあり、酸味が強い。

生臭さが出てしまう……

かつお節は短時間でうまみ成分が溶出

かつお節はうまみ成分が溶出しやすいように薄く削ってあります。そのため、沸騰した湯に1分程度入れるだけで、うまみ成分は十分に出ます。うまみの主成分はイノシン酸で、やや酸味がきいただしがとれます。1分煮立てて火を止め、落ち着いたらすぐに漉しましょう。水から煮るとだしは濁り、酸味が強く本来の風味が損なわれてしまいます。

味つけのベースを極める

だしをとる

うまみ成分を含む食材からとる

だしのとり方

水だし

容器にだしの材料を入れて水を注ぎ、冷蔵庫に一晩おく。

煮出し

だしの材料を煮出してとった汁。取り出すタイミングが重要。

だし汁の種類は4つ

① 昆布だし

利尻昆布など乾燥させた昆布からとる。加熱前に水で戻す。

② かつおだし

かつお節を煮出してとっただし。香りも味わいもさっぱりしている。

③ 昆布とかつおだし

基本のだし。それぞれが持つうまみ、酸味、甘みが調和している。

④ 煮干しだし

片口いわしをゆでて乾燥させたものからとる。やや塩気がある。

昆布とかつお節でうまみ成分の相乗効果

レシピに「だし汁」や「だし」とあった場合は、日本料理のだしの基本である、昆布とかつお節の和風だしを使いましょう。昆布のうまみの主成分はグルタミン酸（アミノ酸系）で、かつお節のうまみの主成分はイノシン酸（核酸系）です。この2つの成分が合わさると相乗効果が発揮され、単独で使うよりもうまみがグンと強くなります。

うま味成分を効果的に出すには

ほんの1分煮るだけで、うま味成分が出きる

昆布のうま味成分は、高温で溶出します。かつお節も同様、薄く削ってあるので1分程度でうま味成分が出きります。おいしいだしをとるには、沸騰した湯の中で昆布とかつお節を1分程煮ることがポイント。昆布の臭いが強くなるからといって、沸騰直前で昆布を引き上げることもありますが、家庭で使う昆布はその必要はありません。

昆布とかつおだしのとり方（作りやすい分量）

1 昆布を浸す

鍋に昆布（10ｇ）と水（1ℓ）を入れ、10分おいて昆布を戻す。

»

2 ゆっくり沸騰

5～6分かけて沸騰させ、ゆっくり昆布のうまみを出す。

»

3 かつお節を加える

2が再び沸騰してきたら、かつお節（20ｇ）を加え1分程煮る。

»

4 漉す

火を止め、かつお節が沈んで落ちついたら、万能漉し器で漉す。

memo

昆布に切り目はあまり効果なし

昆布に切り込みを入れると、うまみ成分が出やすいように感じますが、実際、切り込みを入れてもうまみの出やすさは変わりません。加熱前に水につけてやわらかくする方が効果的でしょう。また、一般に等級が高い昆布ほどうまみが強いといわれています。

インスタントだしの素のこと

時間がないときや、少量のだし汁が必要なときに便利なインスタントだしの素。水や湯に入れるだけで簡単にだし汁ができます。

インスタントだしの素って？

水または湯に入れるだけでおいしいだしになるもの

インスタントのだしの素には、和風・洋風・中華風だしがあります。素材のだしを粉末にしたものや、うま味調味料などを添加したものもあるので、原材料表示を見て、天然に近い素材のものを選びましょう。

インスタントだしの素の種類

和風だし

昆布だし
かつおだし
煮干しだし

和風だしは、昆布やかつお節、煮干し（いりこ）が原材料となり、素材からのだしのみを濃縮したものや粉末にしたものが一般的。

洋風だし

コンソメ
ブイヨン

鶏や牛、野菜などのエキスをもとに調味して、西洋料理全般に向くように調製した洋風のだし。スープストックともいう。

中華風だし

鶏がらスープの素
中華スープの素

鶏がらスープの素は、鶏がらに、ねぎやしょうがなど香味野菜を加えただしのこと。また、中華スープの素として市販されている。

急いで汁物を作るときやあえ物の少量だしに使うとよいでしょう

インスタントのだしの素は、簡単にだし汁ができるので、急いで汁物を作るときや、あえ物、酢の物など少量のだしが必要なときに便利です。和風の顆粒だしを使用するときは、汁物なら沸騰直前に加え、煮物なら最初から煮汁に入れて使います。ティーバッグタイプのだしの素は、水または湯に入れて煮出して使うのが一般的です。

インスタントだしの素の塩分量

商品名	水分量	だしの素（g）	塩分量（g）
昆布だし	湯300mℓ（2人分）	1	0.5
かつおだし	湯300mℓ（2人分）	2	0.8
煮干しだし	湯300mℓ（2人分）	0.5	0.2
コンソメ	湯300mℓ（2人分）	5.3	2.4
チキンコンソメ	湯300mℓ（2人分）	7.1	2.4
ブイヨン	湯300mℓ（2人分）	4	2.3
鶏がらスープの素	湯300mℓ（2人分）	3	1.2
中華スープの素	湯300mℓ（2人分）	17.5	2.1

塩

塩は食材の味つけをするだけでなく、食材のうまみを引き出す役目や、臭みを取る、水分を出すなど調理の下処理にも欠かせません。

1 塩の種類

塩の種類

精製塩

塩化ナトリウム純度99％以上。
粒が細かく乾燥してサラサラ。

天然塩

塩化ナトリウム純度80～95％。
粒がやや大きくしっとり。

2 調味のための塩

ふり塩するとき

天然塩を使う

枝豆やゆで卵のようにふり塩するときは、しっとりした天然塩で味に深みを出す。

甘みを強める

精製塩を使う

さわやかな甘みにしたいときは精製塩を。精製度が低い天然塩はまろやかな味に。

汁物に使うとき

どの塩でも変わらない

味に違いはないが、精製塩の方が小さじ１杯で１ｇ多い。入れすぎに注意する。

memo

違いは精製度による

精製とは塩の成分のうちマグネシウムやカリウムなどを取り除くこと。精製度が高い精製塩はすっきり、低い天然塩はまろやかな味に。

3 下調理のための塩

魚

塩をして15分

焼く15分前に塩をふると、表面の身がしまり中はふっくら焼き上がる。

きゅうり

板ずり

きゅうりの表面の組織に傷をつけることで、色をよくしやわらかくする。

塩もみ

塩の脱水作用でカリカリと歯触りがよくなり、調味液もなじみやすくなる。

オクラ

板ずり

うぶ毛が取れるため表面がなめらかになり、鮮やかな緑色になる。

玉ねぎ

もみ洗い

辛みを取りたいときは、塩でもむと細胞が傷つき辛み成分が溶出しやすい。

里いも

塩もみ

塩はぬめりを凝固させる性質があり、塩もみすることでぬめりが取れる。

かんぴょう

塩もみ

繊維がかたいので、塩で細胞の表面を傷つけてやわらかくふわっとさせる。

貝

砂抜き

あさりなどの二枚貝は、塩水につけて海水と似た環境において塩を吐かせる。

memo

呼び塩って？

塩辛いものの塩分を抜くときは「呼び塩」といって、1％ぐらいの塩水につけると、塩の溶出を早めるといわれています。

しょうゆ・みそ

しょうゆとみそは、日本を代表する伝統的な発酵調味料。料理の味を調え、香りや風味を添えるほか、臭みを取る効果もあります。

1 しょうゆの種類と使い方

しょうゆの種類

濃口しょうゆ

大豆と小麦が主原料。色、香り、味のバランスがよい。

薄口しょうゆ

大豆と小麦が主原料。塩分量が高く、色が薄く食材の色を生かす。

たまりじょうゆ

大豆が主原料で色、味ともに濃厚。刺身や焼き鳥のたれに。

色をつけたくない

薄口しょうゆ

白あえや野菜の色を生かしたい煮物、汁物、うどんのつゆなどに使う。

煮物に

濃口を2回に分ける

香りが抜けやすいので、煮物などでは調味、香りづけに分けて加えることがある。

洋風料理に

しょうゆドレッシングに

サラダやステーキなどのソースをしょうゆで調味するだけで和風になる。

memo

たまりじょうゆと刺身じょうゆの違い

どちらも色、味ともに濃厚。刺身じょうゆは再仕込みしょうゆともいい、生のしょうゆを醸造しています。

2 みその種類と使い方

みその種類

米みそ

大豆に米麹、塩を加えて熟成。辛みそと甘みそがあり、色は多様。

麦みそ

大豆に麦麹、塩を加えて熟成。麦の香りとうまみがあり、色は淡色。

豆みそ

大豆に大豆麹、塩を加えて熟成。甘みがやや弱い。色は茶褐色。

みそ汁を作る

煮立たせない

煮立たせるとみその香りが飛び、うまみ成分は変化して味も悪くなる。

みそ煮を作る

2回に分ける

加熱により香りが飛ぶため、調味に半分、煮上がる直前に残りを入れる。

みそ漬けにする

味や香り、保存性を高める

みそのアミノ酸などの味成分で風味がつき、塩分によって保存性が高くなる。

memo

季節でみそを使い分ける

みそは種類によって塩分濃度が違います。みその特性を生かし、季節に合わせてみそを変えてみましょう。豆みそや赤色辛みそなど塩分濃度の高いみそを使うと、さっぱりした夏向きのみそ汁に、甘みそなど塩分濃度の低いみそを使うと、濃厚で冷めにくいみそ汁になります。基本的なみそ汁の塩分濃度は0.8%なので、この数値を基準にしてみましょう。

砂糖・みりん

料理に甘みをプラスする調味料の砂糖とみりん。甘みをつけるほかに、つや出しなど調理するうえで、さまざまな働きをします。

1 砂糖の種類と使い方

砂糖の種類

上白糖

きめが細かくしっとりしている。食材のうまみや風味を引き出す。

グラニュー糖

サラサラして溶けやすく甘さにくせがない。飲み物やお菓子に。

三温糖

糖度は低いが強い甘みとコクがある。色は薄茶色でしっとり系。

やわらかく煮る

豆の甘煮に

甘煮の場合、一度に砂糖を加えると水分が抜け豆がかたくなるので数回に分ける。

卵白に加える

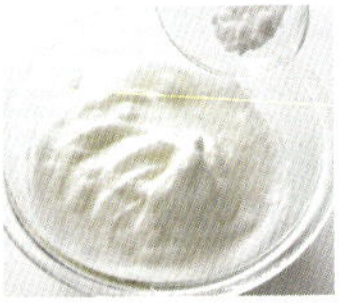

メレンゲを作る

卵白に砂糖を加えて泡立てる。砂糖が泡の水分を脱水し、泡が消えにくくなる。

ゼリー状にする

ジャムに

砂糖は果物に含まれるペクチンや酸と結合してゼリー状になる性質がある。

memo

砂糖は甘みだけではない

砂糖は、水によく溶けるので保水性があります。また、ジャムなどをゼリー状に固める作用があります。

2 みりんの種類と使い方

みりんの種類

本みりん

米と麹が主原料の酒類。甘みとうまみがある。

みりん風調味料（塩入り）

原料はうま味調味料や糖類など。塩分量に注意して使用する。

みりん風調味料（アルコール抜き）

アルコール分がほぼ含まれていないため、煮切る必要がない。

memo

煮切りみりんって？

みりんや酒に含まれるアルコール分は、料理の風味を損ないます。煮切ってアルコール分を飛ばすことで、甘みやうまみを残します。

魚の照り焼きには

魚の表面が乾いたら

表面がぬれた状態でみりん入りのたれを塗ると、水分で薄まり照りが出にくい。

野菜の煮物には

食材に火が通ったら

みりんを加えるのは食材に火が通ってから。糖分による煮崩れ防止の効果も。

栗きんとんには

みりんはお好みで使う

本みりんとみりん風調味料を比較すると、味や風味の差はほとんどない。

memo

みりんの代わりに砂糖を使うときは

みりんの代わりに砂糖小さじ2、日本酒大さじ1を使うこともあります。本みりんと近い味になりますが、照りはみりんほど出ないことも。また、料理酒を使うときは、塩分が添加されているため、料理の仕上がりが塩辛くなることがあります。気をつけましょう。

COLUMN

だしになる主な食材のこと

だしになる主な食材は、昆布やかつお節、煮干し、干ししいたけ、干しえび、干し貝柱、鶏がら、魚のあらなど実にさまざまな種類があり、うまみも風味も異なります。水で戻したり、煮出すことによってうまみ成分が溶出しておいしいだしが出ます。ほかに、市販の和風だしの素、固形ブイヨンは手軽に使えますが、ひと手間かけて天然の食材からとった本物のだしは、化学調味料などを使用していないため、料理が味わい深くなります。だしの風味を生かせば、塩などの調味料が少なくて済むので減塩にもつながります。用途によっていろいろなだしを使い分けましょう。

昆布

利尻昆布、真昆布などを乾燥させたもの。等級が高いものはうまみが強い。

かつお節

かつおを煮て乾燥させ、カビ（かつお節菌）づけして薄く削ったもの。

煮干し

片口いわしをゆでて乾燥させたもの。やや塩気が強い。「いりこ」ともいう。

干しえび

えびを乾燥させたもので、主に中華やエスニック料理のだしとして使用される。

PART

5

覚えておきたい
目安量&
正味量

食材や調味料の目安量&正味量を覚えることで、レシピに記載されている材料の分量を正確に読み解くことができます。料理をおいしくするコツは、正しい重量を知ることです。

知って得する
目安量＆正味量と廃棄量

目安量（概量）を知る

市場に流通する食材の大きさや重量を把握して、調理や栄養計算に生かす

キャベツ…1/2玉＝650 g

食材の単位に対する重量を把握する

目安量とは、食材の単位に対する重量のことをいいます。例えば、材料に〇〇1個、〇〇1枚、〇〇1切れ、〇〇1片などの単位が記されていますが、この単位あたりの重要の目安が目安量（概量）です。目安量を把握しておくと、カロリー計算など栄養成分を割り出すときに役立ちます。また、1日に必要な食材の目安量も確認できます。

廃棄率と正味量を理解する

レシピの分量は正味目安

野菜の皮をむく、種やワタを取る、魚の頭や内臓を取るなど、食べられない部分を除いた状態の重量の割合を廃棄率といいます。廃棄率は「日本食品標準成分表」により定められていて、目安量に廃棄率をかけたものが廃棄量、そして、目安量から廃棄量を引いたものが正味量となり、基本的にレシピに掲載されている分量は正味目安です。

$$\text{廃棄率（\%）} = \frac{\text{廃棄量（g）}}{\text{目安量（概量）（g）}} \times 100$$

目安量＆正味量と廃棄量の関係

目安量		廃棄量		正味量
食材の単位に対する重量の目安を示す。概量とも言う。	－	廃棄率を参考に、目安量に廃棄率をかけたものが廃棄量。	＝	目安量から廃棄量を引いた可食部。基本的にレシピの分量は正味量。
 あじ１尾 **150 g**	－	 頭、腹ワタ、ぜいご、中骨 **80 g**	＝	 三枚おろしにした切り身 **70 g**
 大根１本 **1000 g**	－	 葉、根元、皮 **250 g**	＝	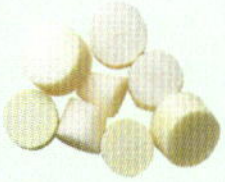 輪切りにした大根 **750 g**

目安量
正味量
廃棄率

葉物野菜

芯、根元、茎などのかたい部分を除けば、ほとんどの部分が食べられる葉物野菜。全体的に廃棄率が低いのが特徴です。

食材名		目安量	正味量	廃棄率
キャベツ どのキャベツもビタミンCが豊富。特に芯のまわりに多い。	**高原キャベツ** 	1玉＝1300g	1玉＝1105g	15%（外葉と芯を取り除く）
		1/2玉＝650g	1/2玉＝550g	15%（外葉と芯を取り除く）
		1/4玉＝325g	1/4玉＝275g	15%（外葉と芯を取り除く）
		1枚（25×25cm）＝40g	1枚＝35g	15%（外葉と芯を取り除く）
	春キャベツ 	1玉＝1050g	1玉＝890g	15%（外葉と芯を取り除く）
		memo	春キャベツは、高原キャベツに比べて葉の巻きがゆるい。みずみずしく、やわらかい食感が特徴です。	
	紫キャベツ 	1玉＝1250g	1玉＝1065g	15%（外葉と芯を取り除く）
		1/2玉＝625g	1/2玉＝530g	15%（外葉と芯を取り除く）
		memo	紫色はアントシアニンという天然色素。目などにいい成分です。水に溶けやすく、生で食べるのが◎。	
	芽キャベツ 	3個＝45g	1個＝15g	0%
		memo	1つの茎から収穫できる数は50〜80個。一般的なキャベツよりもビタミンCが多いのが特徴です。	
水菜 別名は京菜。ピリッとした辛みが特徴。		1株＝65g	1株＝62g	5%（根元を切り落とす）

食材名	目安量	正味量	廃棄率
小松菜 鉄やカルシウムなどはほうれん草よりも豊富。クセやアクも少ない。 	1束＝230g	1束＝200g	15%（根元を切り落とす）
	1株＝45g	1株＝40g	15%（根元を切り落とす）
春菊 独特の香りは胃腸の働きを促進。やわらかい葉は生で食べても◎。 	1束＝220g	1束＝190g	10%（根元を切り落とす）
	1株＝25g	1株＝23g	10%（根元を切り落とす）
チンゲン菜 油との相性抜群。ゆでるときは少し油を足して。 	1株＝100g	1株＝85g	15%（根元を切り落とす）
菜の花 花茎とつぼみも食用にする春野菜。独特のほろ苦さがある。 	1束＝200g	1束＝190g	5%（根元を切り落とす）
	1本＝40g	1本＝38g	5%（根元を切り落とす）
にら 滋養強壮効果が高い。黄にらや花にらもある。 	1束＝100g	1束＝95g	5%（根元を切り落とす）
白菜 1個の重さは2～3kg。最近では食べきりやすいミニ白菜も人気。 	1株＝3500g	1株＝2800g	20%（外葉と芯を取り除く）
	1/4株＝875g	1/4株＝700g	20%（外葉と芯を取り除く）
	1枚＝80g	1枚＝80g	―
サラダ菜 玉レタスの一種。やわらかい歯触りで光沢がある。料理の名脇役。 	1玉＝90g	1玉＝80g	10%（芯を取る）
	1枚＝5g	1枚＝5g	―
モロヘイヤ ビタミンA、B群、Cやカルシウムなどを多く含む、優秀な野菜。 	1束＝90g	1束＝90g	0%
	1束＝90g	1束＝70g	25%（茎を取り除く）

食材名	目安量	正味量	廃棄率
ほうれん草 ギザギザしている葉は東洋種。丸みをおびている葉は西洋種。 	1束＝240g	1束＝230g	5% （根元を切り落とす）
	1/2束＝120g	1/2束＝115g	5% （根元を切り落とす）
	葉先1枚＝3g	葉先1枚＝3g	―
レタス サラダ野菜の人気者。一般的にレタスと呼ばれているのは玉レタス。 	1玉＝360g	1玉＝350g	3% （芯を取る）
	1/2玉＝180g	1/2玉＝175g	3% （芯を取る）
	1枚＝30g	1枚＝30g	―
サニーレタス リーフレタスの一種。葉先が赤紫色で縮れているのが特徴。 	1玉＝250g	1玉＝235g	6% （芯を取る）
	1枚＝25g	1枚＝25g	―
グリーンリーフ 別名グリーンカールとも呼ばれるリーフレタスの一種。クセがない。 	1/2玉＝100g	1/2玉＝95g	6% （芯を取る）
	1枚＝25g	1枚＝25g	―
サンチュ 茎レタスの一種。韓国料理によく使われる。 	1枚＝6g	1枚＝6g	0%

実・茎野菜

種、ワタ、皮、さやなどを除くもの、ヘタだけ除けば食べられるものなど、廃棄率はさまざまです。それぞれに合った下処理を。

食材名		目安量	正味量	廃棄率
アスパラガス 疲労回復に効果的。名前の由来となったアスパラギン酸を多く含む。	**グリーンアスパラガス** 	1本＝30g	1本＝25g	20% （根元とはかまを切り落とす）
		memo 日光を浴びて育ったグリーンアスパラガスは、鮮やかな緑で栄養価が高く、免疫力を高める効果があります。		
	ホワイトアスパラガス 	1本＝15g	1本＝12g	20% （根元とはかまを切り落とす）
		memo 土をかぶせるなどして日光が当たらないように栽培したもの。うまみが濃く、まろやかな味わいが特徴です。		
	ミニアスパラガス 	1本＝3g	1本＝3g	0%
		memo グリーンアスパラガスを早採りしたもの。やわらかいため下処理をする手間がかからず、調理がしやすい。		
葉つき枝豆 未熟な大豆を先取りしたもの。だだ茶豆や丹波黒大豆も有名。		1束＝430g （葉・枝つき）	1束＝170g	60% （葉・枝・さやを除く）
		1袋＝300g （さやのみ）	1袋＝165g	45% （さやを除く）
		1さや＝22g	1さや＝15g	30% （さやを除く）
オクラ ゆですぎはネバネバ成分が減るため注意。		1本＝10g	1本＝9g	15% （ガクと先を切り落とす）
そら豆 初夏を代表する野菜。鮮度が命のため、できるだけ早く調理を。		1さや＝22g	1さや＝15g	30% （さやから出す）
		1粒＝5g	1粒＝5g	―
グリーンピース 廃棄率は高めだが、さやから取り出したものは栄養価が高い。		1さや＝10g	1さや （豆のみ） ＝5g	50% （さやから出す）
		1粒＝1g	1粒＝1g	―

食材名	目安量	正味量	廃棄率
さやえんどう 若いさやを食べる種類のえんどうのこと。 	1枚＝2g	1枚＝2g	8% （ヘタと筋を取る）
さやいんげん いんげん豆の若いさや。豆の特性も持つ野菜。 	1本＝4g	1本＝4g	5% （ヘタと先を切り落とす）
スナップえんどう 別名スナックえんどう。さやと豆を食べる。 	1さや＝8g	1さや＝7g	8% （ヘタと筋を取る）
玉ねぎ 一般的な黄玉ねぎのほか、紫玉ねぎ、ペコロスなど、種類は豊富。 **玉ねぎ** 	中1個 （皮つき） ＝160g	中1個＝150g	5% （皮と上下を取り除く）
	中1/2個 ＝80g	中1/2個 ＝75g	5% （皮と上下を取り除く）
紫玉ねぎ 	1個＝170g	1個＝160g	5% （皮と上下を取り除く）
	1/2個＝85g	1/2個＝80g	5% （皮と上下を取り除く）
ペコロス 	1個＝20g	1個＝20g	5% （皮と上下を取り除く）
カリフラワー つぼみを食べる野菜。花が開いた方が甘みが強く、やわらかいうえ、安い。加熱しても失われにくいビタミンCが特徴。 	1株＝600g	1株＝300g	50% （葉と茎を取り除く）
	1株＝600g	1株=450g （茎も使う場合）	25% （茎も使う場合）
	1房＝15g	1房＝15g	ー
きゅうり 最近ではイボのない品種も出回っている。炒め物や汁の実にして食べても◎。 	1本＝100g	1本＝100g	2% （両端を切り落とす）
	斜め薄切り1枚 ＝3g	斜め薄切り1枚 ＝3g	ー
	野菜スティック 1本＝7g	野菜スティック 1本＝7g	ー

食材名	目安量	正味量	廃棄率
ズッキーニ 実はかぼちゃの仲間。 淡色野菜で低カロリー。 油との相性がいい。 	1本＝210 g	1本＝200 g	4% （両端を 切り落とす）
	1/2本（上） ＝110 g	1/2本（上） ＝105 g	5% （端を 切り落とす）
	1/2本（下） ＝100 g	1/2本（下） ＝95 g	3% （端を 切り落とす）
ゴーヤ にがうりとも呼ばれる 沖縄を代表する野菜。 	1本＝220 g	1本＝190 g	15% （両端とワタ、 種を取る）
セロリ 葉にもいろいろな栄養 素を含んでいるため、 捨てずに食べたい。 	1本＝150 g	1本＝100 g	35% （葉と筋を 取り除く）
	1本（茎のみ） ＝100 g	1本（茎のみ） ＝98 g	2% （筋を 取り除く）
	10cm＝35 g	10cm＝35 g	―
とうもろこし 鮮度が落ちやすいため、 早めにゆでて食べる。 	1本＝310 g	1本＝155 g	50% （外皮とひげ、 芯を取り除く）
トマト 原産地は南米アンデス山脈。世界に8000種類以上あるとされる。 **トマト** 	中1個＝200 g	中1個＝195 g	3% （ヘタを 取り除く）
	中1個＝200 g	中1個 （湯むき） ＝185 g	8% （ヘタと皮を 取り除く）
	中1/8個 ＝25 g	中1/8個 ＝25 g	―
ミニトマト 	1個＝15 g	1個＝15 g	3% （ヘタを 取り除く）
	1パック ＝190 g	1パック ＝185 g	3% （ヘタを 取り除く）
フルーツトマト 	1個＝60 g	1個＝60 g	3% （ヘタを 取り除く）

	食材名	目安量	正味量	廃棄率
かぼちゃ 西洋かぼちゃはホクホク、日本かぼちゃはねっとり。	**西洋かぼちゃ** 	1個＝1400ｇ	1個＝1190ｇ	15％（ワタと種を除く）
		1/2個＝700ｇ	1/2個＝600ｇ	15％（ワタと種を除く）
		薄切り1枚＝15ｇ	薄切り1枚＝15ｇ	—
	日本かぼちゃ 	1個＝700ｇ	1個＝600ｇ	15％（ワタと種を除く）
		1/2個＝350ｇ	1/2個＝300ｇ	15％（ワタと種を除く）
なす 国内では180種ほど。地方品種が多い。	**なす** 	1本＝80ｇ	1本＝70ｇ	10％（ヘタを切り落とす）
	小なす 	1本＝35ｇ	1本＝30ｇ	10％（ヘタを切り落とす）
	長なす 	1本＝120ｇ	1本＝110ｇ	10％（ヘタを切り落とす）
	米なす 	1本＝250ｇ	1本＝175ｇ	30％（ヘタを切り落とす）
ピーマン 唐辛子の仲間。ビタミン類を多く含む。	**ピーマン** 	1個＝25ｇ	1個＝20ｇ	15％（ヘタと種を取る）
	赤ピーマン 	1個＝40ｇ	1個＝35ｇ	15％（ヘタと種を取る）
	パプリカ 	1個＝210ｇ	1個＝190ｇ	10％（ヘタと種を取る）

食材名	目安量	正味量	廃棄率
ブロッコリー 茎に含まれているビタミンCはつぼみの2倍もあるので捨てずに使って。ゆですぎに注意。 	1株＝420g	1株＝210g	50％ （葉と茎を取り除く）
	1株＝420g	1株＝300g （茎も使う場合）	30％ （茎も使う場合）
	1房＝15g	1房＝15g	－

根菜・いも類

皮ごと食べられるものもあるが、皮をむいて食べるものがほとんど。皮だけなら、廃棄率はだいたい15％、たけのこは50％です。

食材名		目安量	正味量	廃棄率
かぶ 煮崩れしやすい実は火の通しすぎに注意。栄養価の高い葉も食べて。	**かぶ（葉つき）** 	大1株＝180g	大1株 ＝125g	30％ （葉と茎、根、皮を除く）
		葉のみ＝30g	葉のみ＝30g	－
	かぶ（茎つき） 	1株＝170g	1株＝150g	10％ （茎と根を切り落とす）
		1株＝170g	1株＝135g	20％ （皮をむく）
	小かぶ（葉つき） 	4株＝280g	4株＝250g	10％ （葉と茎と根を切り落とす）
大根 胃腸の働きを整える大根は、すりおろして生で食べるのがおすすめ。煮物や漬物など広く使われる。 		1本＝1000g	1本＝750g	25％ （葉と皮を取り除く）
		1/2本（上） ＝600g	1/2本（上） ＝450g	25％ （葉と皮を取り除く）
		1/2本（下） ＝400g	1/2本（下） ＝330g	17％ （皮を取り除く）
		10cm＝350g	10cm＝300g	15％ （皮を取り除く）

食材名	目安量	正味量	廃棄率
ごぼう ごぼうを食べるのは、世界でも珍しいといわれている。便秘解消に。 	丸ごと1本＝165g	1本＝150g	10%（先端を切り、皮をむく）
	カット1本＝60g	1本＝55g	10%（端を切り、皮をむく）
	10cm＝30g	10cm＝28g	7%（皮をむく）
にんじん 東洋系と西洋系に大きく分けられ、一般的なにんじんは西洋系。 	大1本＝230g	大1本＝190g	18%（両端を切り、皮をむく）
	中1本＝150g	中1本＝125g	18%（両端を切り、皮をむく）
	小1本＝90g	小1本＝75g	18%（両端を切り、皮をむく）
	中1/2本（上）＝110g	中1/2本（上）＝95g	13%（端を切り、皮をむく）
	中1/2本（下）＝40g	中1/2本（下）＝35g	10%（端を切り、皮をむく）
	10cm＝120g	10cm＝110g	10%（皮をむく）
れんこん 穴のあいた形状から「見通しがよい」と縁起のよい食材とされている。 	大1節＝330g	大1節＝265g	20%（両端を切り、皮をむく）
	中1節＝190g	中1節＝150g	20%（両端を切り、皮をむく）
	小1節＝150g	小1節＝120g	20%（両端を切り、皮をむく）
たけのこ 鮮度が落ちるとかたくなりえぐみが出るため、新鮮なうちにゆでる。 	1本（皮つき）＝300g	1本＝150g	50%（皮と根元を取り除く）
	1本（ゆでたけのこ）＝240g	1本（ゆでたけのこ）＝240g	―
	穂先1/2本（ゆでたけのこ）＝75g	穂先1/2本（ゆでたけのこ）＝75g	―
	根元1/2本（ゆでたけのこ）＝165g	根元1/2本（ゆでたけのこ）＝165g	―

食材名		目安量	正味量	廃棄率
さつまいも 皮の近くに食物繊維が多いため、便秘がちの人は皮ごと食べて。		1本＝400g	1本＝360g	10%（両端を切り落とす）
		1/2本＝200g	1/2本＝180g	9%（端を切り落とす）
		10cm＝230g	10cm＝215g	6%（端を切り落とす）
里いも 親いもから小いも、孫いもと増えるため、縁起がよい。	**里いも** 	1個＝80g	1個＝70g	15%（皮をむく）
	小いも 	1個＝30g	1個＝25g	15%（皮をむく）
	海老いも 	1個＝170g	1個＝145g	15%（皮をむく）
じゃがいも 男爵はホクホク、メークインはねっとりとした食感。	**男爵** 	1個＝150g	1個＝135g	10%（皮をむく）
		1/2個＝75g	1/2個＝70g	10%（皮をむく）
	メークイーン 	1個＝150g	1個＝135g	10%（皮をむく）
	新じゃが 	1個＝50g	1個＝45g	10%（皮をむく）
山いも 里いもに対して山いもと呼ばれている。生で食べられる。	**長いも** 	1本＝540g	1本＝460g	15%（皮をむく）
		10cm＝290g	10cm＝250g	15%（皮をむく）
	じねんじょ 	1本＝880g	1本＝750g	15%（皮をむく）

食材名		目安量	正味量	廃棄率
山いも	大和いも 	1/2本＝280g	1/2本＝240g	15% （皮をむく）
		1カップ （すりおろし） ＝220g	1カップ （すりおろし） ＝220g	ー

きのこ類・香味野菜・その他

きのこ類は、ほとんどが軸の先にある石づきを切り落とします。にんにく、しょうがは1片の目安量を覚えておくと便利です。

食材名	目安量	正味量	廃棄率
しいたけ うまみ、香りがよい。干すとビタミンDがアップ。 	1枚＝30g	1枚＝25g	25% （軸を取る）
	1枚＝30g	1枚＝28g	5% （石づきを切り落とす）
えのきだけ 白くて細長い柄が特徴。最近では茶色もある。 	大1パック ＝200g	大1パック ＝170g	15% （石づきを切り落とす）
本しめじ 「においまつたけ、味しめじ」といわれるほど味がよく、食感も◎。 	1本＝40g	1本＝35g	15% （根元を切り落とす）
	1/2本＝20g	1/2本＝15g	15% （根元を切り落とす）
ぶなしめじ 一般的なしめじ。天然のぶなしめじには少し苦みがある。 	1パック ＝200g	1パック＝ 170g	15% （石づきを切り落とす）
	1/2パック ＝100g	1/2パック ＝85g	15% （石づきを切り落とす）
ホワイトぶなしめじ ぶなしめじを品種改良した白いきのこ。 	1パック ＝140g	1パック ＝120g	15% （石づきを切り落とす）
エリンギ きのこの中でも食物繊維が豊富で、歯応えのある食感が特徴。 	大1本＝80g	大1本＝75g	8% （根元を切り落とす）
	小1本＝30g	小1本＝30g	8% （根元を切り落とす）

食材名	目安量	正味量	廃棄率
まいたけ ひだが重なったような形。食感と香りがよい。 	1パック＝105g	1パック＝100g	10％（石づきを切り落とす）
マッシュルーム 世界で最も食べられているといわれている。 	1個＝15g	1個＝15g	5％（石づきを切り落とす）
なめこ ぬめりがあり、独特な口当たりがするきのこ。 	1パック＝105g	1パック＝105g	―
	1カップ＝110g	1パック＝105g	―
にんにく ねぎの仲間。鱗片《りんぺん》が6個の六片種と12〜13個の在来種がある。 	1片＝5g	1片＝5g	8％（皮をむいて、芯を取る）
	大さじ1（みじん切り）＝10g	大さじ1（みじん切り）＝10g	―
	小さじ1（みじん切り）＝3g	小さじ1（みじん切り）＝3g	―
	大さじ1（すりおろし）＝15g	大さじ1（すりおろし）＝15g	―
	小さじ1（すりおろし）＝5g	小さじ1（すりおろし）＝5g	―
しょうが 一般的なのはひねしょうが。収穫後、2カ月以上保管してから出荷。 	1片＝15g	1片＝10g	20％（皮をむく）
	薄切り1枚（皮つき）＝3g	薄切り1枚（皮つき）＝3g	―
	大さじ1（みじん切り）＝10g	大さじ1（みじん切り）＝10g	―
	小さじ1（みじん切り）＝3g	小さじ1（みじん切り）＝3g	―
	大さじ1（すりおろし）＝15g	大さじ1（すりおろし）＝15g	―
	小さじ1（すりおろし）＝5g	小さじ1（すりおろし）＝5g	―

食材名	目安量	正味量	廃棄率
みょうが 一般的に食べられているのは、花穂の部分。 	1個＝20g	1個＝20g	3% （根元を切り落とす）
長ねぎ 栽培時に土を寄せるため白い部分が長く、白ねぎ（根深ねぎ）とも。 	1本＝140g	1本＝100g	30% （根と青い部分を除く）
	1/2本＝60g （白い部分）	1/2本＝60g （白い部分）	－
	10cm＝30g	10cm＝30g	－
	大さじ1 （みじん切り） ＝8g	大さじ1 （みじん切り） ＝8g	－
万能ねぎ 葉ねぎ（または青ねぎ）を若採りしたもの。小ねぎとも呼ばれる。 	1束＝95g	1束＝90g	6% （根元を切り落とす）
	大さじ1 （小口切り） ＝3g	大さじ1 （小口切り） ＝3g	－
	小さじ1 （小口切り） ＝1.5g	小さじ1 （小口切り） ＝1.5g	－
わけぎ ねぎと玉ねぎの雑種。枝分かれするところから「分け葱」とついた。 	1束＝155g	1束＝150g	4% （根元を切り落とす）
	大さじ1 （小口切り） ＝3g	大さじ1 （小口切り） ＝3g	－
	小さじ1 （小口切り） ＝1.5g	小さじ1 （小口切り） ＝1.5g	－
ふき 日本特産の山菜。「愛知早生ふき」が有名。 	1束＝370g	1束＝220g	40% （根と皮、葉を取り除く）
もやし 豆の種子を発芽させたもの。特に旬はない。 **もやし** 	1袋＝230g	1袋＝225g	3% （ひげ根を取る）
豆もやし 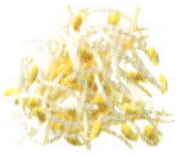	1袋＝180g	1袋＝175g	4% （ひげ根を取る）

食材名	目安量	正味量	廃棄率
青じそ 別名は大葉。花穂は刺身のつま、赤じそは梅干しなどに使われる。 	1束（10枚）＝10g	10枚＝10g	0%
	1枚＝1g	1枚＝1g	0%

memo　廃棄率が多い野菜って？

実がさやに包まれている枝豆やそら豆、グリーンピース、何重にも皮に覆われているたけのこ、芯が太いとうもろこしなどは廃棄率が高めです。また、ブロッコリーのように、茎を食べるか食べないかでも廃棄率は変わってきます。

果物類

日本は海外と比べて果物の摂取量が低めです。おやつ、デザート、ジューズ、スムージーなどにして積極的にとり入れましょう。

食材名	目安量	正味量	廃棄率
アボカド 栄養価の高い果実だが、高脂肪なため、食べすぎには注意。 	1個＝200g	1個＝140g	30%（皮と種を取り除く）
	1/2個＝100g	1/2個＝70g	30%（皮と種を取り除く）
いちご 6～7粒で1日に必要なビタミンCを摂取。 	1粒＝20g	1粒＝20g	2%（ヘタを取り除く）
オレンジ ネーブル、バレンシアなど、多くの品種がある。国産オレンジも。 	1個＝300g	1個＝180g	40%（皮と薄皮、種を取り除く）
	1/2個＝150g	1/2個＝90g	40%（皮と薄皮、種を取り除く）
みかん 柑橘類の中でも、皮が薄くて食べやすい。 	小1個＝60g	小1個＝45g	25%（皮と種を取り除く）

食材名	目安量	正味量	廃棄率
レモン 果物の中でもビタミンCの含有量はトップクラス。皮に実の約2倍のビタミンC。 	1個＝120g	1個＝115g	3% （ヘタと種を取り除く）
	1/2個＝60g	1/2個＝60g	―
	1枚（輪切り）＝10g	1枚（輪切り）＝10g	―
キウイフルーツ たんぱく質分解酵素を含むため、肉や魚料理と食べると消化促進に。 	1個＝100g	1個＝85g	15% （ヘタと皮を取り除く）
	1/2個＝50g	1/2個＝40g	15% （ヘタと皮を取り除く）
グレープフルーツ ほんのり苦みがあるのが特徴。果肉の色は、ホワイト、ピンク、ルビー。 	1個＝340g	1個＝240g	30% （皮と薄皮、種を取り除く）
	1/2個＝170g	1/2個＝120g	30% （皮と薄皮、種を取り除く）
すいか 夏の水分補給に。甘い部分は中心近く、つるのそば、種のまわり。 	M1玉＝5kg	M1玉＝3kg	40% （皮と種を取り除く）
	1/8玉＝625g	1/8玉＝375g	40% （皮と種を取り除く）
バナナ 青いまま輸入し、追熟させて出荷。茶色い斑点が出はじめたら食べ頃。 	1本＝170g	1本＝100g	40% （皮を取り除く）
	1房＝850g	1房＝500g	40% （皮を取り除く）
メロン 砂漠地帯の大衆的な果物から、日本では温室栽培の高級果物へ。 	小1個＝1kg	小1玉＝550g	45% （皮と種を取り除く）
	1/8個＝125g	1/8玉＝70g	45% （皮と種を取り除く）
りんご 王林、紅玉、ジョナゴールド、ふじ、陸奥など、種類が豊富。 	1個＝270g	1個＝230g	15% （皮と種、芯を取り除く）
	1/2個＝135g	1/2個＝115g	15% （皮と種、芯を取り除く）
	1/8個＝35g	1/8個＝30g	15% （皮と種、芯を取り除く）

食材名	目安量	正味量	廃棄率
なし 幸水、豊水、新水は「山水」の一種。 	1個＝300ｇ	1個＝255ｇ	15％ （皮と種、芯を取り除く）
桃 熟すまでは常温。甘い香りがしだしたら◎。 	1個＝250ｇ	1個＝210ｇ	15％ （皮と種を取り除く）
ぶどう（デラウェア） デラウェアは小粒品種。種なしで食べやすい。 	1房＝150ｇ	1房＝130ｇ	15％ （皮を取り除く）
びわ 初夏を感じる果物のひとつ。旬が短い。 	1個＝50ｇ	1個＝35ｇ	30％ （皮と種を取り除く）
いちじく 美容効果たっぷり。英語では「フィグ」。 	1個＝100ｇ	1個＝85ｇ	15％ （皮を取り除く）
ライム レモンよりも小さく、酸味は強い。 	1個＝90ｇ	果汁1個分＝30ｇ	65％ （皮と種を取り除く）

種子類

健康や美容にいい食材のうちのひとつ。ナッツなら1日に10〜20粒、ごまなら大さじ1/2〜1をとるのがよいとされています。

食材名			目安量
アーモンド ビタミンEが豊富。アーモンドミルクにも注目。	**ホール**		1カップ＝110g 1粒＝1.5g
	スライス		1カップ＝80g
くるみ 健康にいいオメガ3脂肪酸含有量がナッツ類で一番。			1カップ＝80g 1個＝4g
カシューナッツ ナッツ類の中でも、脂肪分が少ない。			1カップ＝120g 1粒＝1.5g
甘栗（むき） 日本の栗は渋皮がむきにくい。市販は中国栗が多い。			1カップ＝160g 1粒＝5g

食材名			目安量
ごま 栄養豊富な健康食品。色は白、黒、金。	**いりごま**		大さじ1＝9g 小さじ1＝3g
	ねりごま		大さじ1＝15g 小さじ1＝5g
	すりごま		大さじ1＝15g 小さじ1＝5g

memo

アーモンドやくるみなどのナッツ類は、抗酸化成分が多く含まれています。お菓子やパン作りだけでなく、サラダやあえ物、ヨーグルトにプラスしたり、おやつ代わりに食べるのも◎。できるだけ無塩のものを選びましょう。種子類は、計量カップや計量スプーンの目安量を知っておくと便利です。

ドライフルーツ類

果物の風味や栄養などが凝縮されているドライフルーツ。食物繊維が多く含まれ、腸内環境を整えます。お菓子作りにも◎。

食材名		目安量	食材名		目安量
レーズン 産地はカリフォルニアが有名。		1カップ＝130g	**いちじく** 乾燥させた実は生薬としても利用。		1カップ＝120g
プルーン 女性にうれしい美容効果たっぷり。		1カップ＝150g	**クランベリー** 酸味が強いため、生食には不向き。		1カップ＝130g

海藻類

低カロリーでミネラルや食物繊維たっぷりの海藻類。塩蔵や乾燥したものは日持ちするため、常備して毎日摂取しましょう。

食材名	目安量	食材名	目安量
昆布 真昆布、利尻昆布、日高昆布など、種類が豊富。 	3cm角＝1ｇ 10cm角＝10ｇ	**乾燥わかめ** 保存がきき、塩抜き不要で便利。 	大さじ１＝2ｇ １カップ＝25ｇ→戻すと250ｇ
乾燥きざみ昆布 糸昆布、切り昆布とも呼ばれる。 	１パック＝40ｇ→戻すと170ｇ	**乾燥ひじき** 枝先は芽ひじき、茎は長ひじき。 	大さじ１＝3ｇ→戻すと30ｇ
塩蔵わかめ 湯通しして塩づけ加工したもの。 	ひとつかみ40ｇ→戻すと50ｇ	**もずく** 独特のぬめりがある糸状の海藻。 	１カップ＝180ｇ
memo 乾燥、塩蔵など、それぞれ水で戻す前後の重量を覚えておくと便利です。		**海藻ミックス** 数種類の海藻を混ぜ合わせたもの。 	１袋40ｇ→戻すと170ｇ

肉類

あらかじめ下処理をされている肉類。骨つき肉は廃棄量が多く、可食部が少ないなど、目安量がわかれば、料理に役立ちます。

食材名		目安量	正味量	廃棄率
豚薄切り肉 種類はさまざま。料理に合わせて部位を選んで。	**豚ロース薄切り肉** 	大１パック＝300ｇ １枚＝20ｇ	大１パック＝300ｇ １枚＝20ｇ	0% 0%
	豚肩ロース肉 	１枚＝35ｇ	１枚＝35ｇ	0%
	豚もも薄切り肉 	１枚＝20ｇ	１枚＝20ｇ	0%

食材名			目安量	正味量	廃棄率
豚かたまり肉 ゆで豚、角煮、とんかつ、ステーキなど、幅広い料理に使える。	**豚バラ肉**		1本＝250ｇ	1本＝250ｇ	0％
	ロース肉（脂身つき）		1本＝270ｇ	1本＝270ｇ	0％
	ヒレ肉		1本＝200ｇ	1本＝200ｇ	0％
	とんかつ・ステーキ用肉		1枚＝100ｇ	1枚＝100ｇ	0％
	スペアリブ		大1本＝140ｇ	大1本＝90ｇ	35％（骨を除く）
			小1本＝40ｇ	小1本＝25ｇ	35％（骨を除く）
牛肉 特に鉄を多く含む。和牛は、水分が少なく脂質が多め。	**牛ステーキ用（サーロイン・脂身つき）**	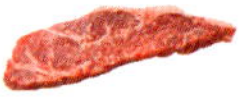	1枚＝140ｇ	1枚＝140ｇ	0％
	牛かたまり肉		1本＝230ｇ	1本＝230ｇ	0％
	牛すね肉		1枚＝85ｇ	1枚＝85ｇ	0％
	牛もも薄切り肉		1枚＝30ｇ	1枚＝30ｇ	0％
鶏ささみ 1羽から2本しか取れない希少な部位。			1本＝50ｇ	1本＝48ｇ	5％（筋を取る）

食材名		目安量	正味量	廃棄率
鶏むね肉 低脂肪、高たんぱく。やわらかくて味は淡白。	**皮つき** 	1枚＝270g	1枚＝270g	0%
	皮なし 	1枚＝215g	1枚＝215g	0%
	そぎ切り 	1切れ＝20g	1切れ＝20g	0%
鶏もも肉 脚のつけ根の部分。脂質は多めでコクがある。	**皮つき** 	1枚＝280g	1枚＝280g	0%
	皮なし 	1枚＝200g	1枚＝200g	0%
	ひと口大 	1切れ＝25g	1切れ＝25g	0%
鶏骨つき肉 骨つき肉は、から揚げや煮込み料理、スープなどによく使われる。	**鶏もも骨つき肉** 	1本＝340g	1本＝200g	40%（骨を除く）
	手羽先 	1本＝55g	1本＝35g	40%（骨を除く）
	手羽中 	1本＝25g	1本＝15g	40%（骨を除く）
	手羽元 	1本＝45g	1本＝30g	40%（骨を除く）

食材名		目安量	正味量	廃棄率
砂肝 胃の筋肉の部分。「砂ずり」「砂嚢《さのう》」とも。		1枚＝30ｇ	1枚＝30ｇ	0％
砂肝（身のみ） コリコリとした食感。低脂肪でクセがない。		1個＝4ｇ	1個＝4ｇ	0％

レバー・ひき肉・加工肉

下処理や加工がされているから廃棄量はなし。そのまますぐに調理できて便利です。レバーは調理する前に血抜きをして臭みを取って。

食材名		目安量
レバー 肝臓のこと。ビタミン類や鉄分などの栄養素を多く含む。	**牛レバー** 	1切れ＝15ｇ
	豚レバー 	1切れ＝10ｇ
	鶏レバー 	1個＝55ｇ
ひき肉 肉ひき機で細かくした肉。やわらかくて食べやすいが傷みやすい。	**牛ひき肉** 	小1パック＝100ｇ
	豚ひき肉 	小1パック＝130ｇ
	鶏ひき肉 	小1パック＝125ｇ
	合いびき肉（牛6：豚4） 	小1パック＝130ｇ

食材名		目安量
加工肉 主に保存性を高めるために加工した肉製品のこと。	**ハム（ロース／薄切り）** 	1枚＝20ｇ
	ハム（ボンレス／ブロック） 	1本＝620ｇ
	ベーコン（薄切り） 	1枚＝15ｇ
	ベーコン（ブロック） 	1本＝280ｇ
	ソーセージ 	1本＝20ｇ
	フランクフルト 	1本＝25ｇ

memo 加工肉の1日の摂取量は70ｇに抑えた方がいいといわれていますが、これは毎日食べた場合の目安になります。

一尾魚

一尾魚を家でおろせば、骨やあらも無駄なく調理することができます。目安量と廃棄率を覚えておくと、調理するときに便利。

食材名	目安量	正味量	廃棄率
あじ 昔は塩焼きや干物がメインだったが、最近では刺身も定番に。	1尾＝150g	1尾＝70g	55% （頭とワタ、中骨、ぜいごを取る）
	三枚おろし1枚＝35g	三枚おろし1枚＝35g	0%
	開き1枚＝60g	開き1枚＝60g	0%
いわし 黒い斑点が特徴の魚。この斑点が2～3列あるいわしもいる。	1尾＝110g	1尾＝50g	55% （頭とワタ、中骨を取る）
	三枚おろし1枚＝25g	三枚おろし1枚＝25g	0%
	開き1枚＝65g	開き1枚＝65g	0%
かれい クセのない魚。冬から春の子持ちの卵も美味。	1尾＝160g	1尾＝80g	50% （頭とワタ、中骨を取る）
かます 大型で脂がのった塩焼きは格別においしい。	1尾＝150g	1尾＝90g	40% （頭とワタ、中骨を取る）
さんま 脂のうまみと内臓の苦みがおいしい秋の魚。	1尾＝160g	1尾＝110g	30% （頭とワタ、中骨を取る）
鯛 昔からめでたい魚として珍重されてきた。	1尾＝330g	1尾＝165g	50% （頭とワタ、中骨を取る）

memo **一尾魚の廃棄部分って？**

一尾魚の主な廃棄部分は、頭、ワタ、骨などですが、魚の鮮度やサイズによっては廃棄部分も食べることができます。また、身が少しついている魚のあらを使えば、おいしいだしをとることもできます。

切り身魚・刺身・干物

切り身魚などは、下処理せずにそのまま調理できて便利です。1切れや1さくなどの目安量をおさえて調理の参考にしましょう。

食材名	目安量	食材名	目安量
鮭 食卓に上る頻度が高い魚。種類も加工品もいろいろ。 **生鮭** 	1切れ＝120g	**さわら** さばの仲間。クセがなくやわらかい。 	1切れ＝100g
塩鮭 	1切れ＝80g	**きす** 水分が多く低脂質。ダイエットに。 	開き1枚＝25g
スモークサーモン 	1枚＝10g	**刺身** 魚介類を生でいただく日本の代表的な料理。 **かつお** 	1さく＝260g
金目鯛 鯛とは別種。朱色が目を引く高級魚。 	1切れ＝100g	**まぐろ** 	1さく＝230g
ぶり 成長によって呼び名が変わる出世魚。 	1切れ＝110g	**干物** 魚介類を干すなどして、保存性を高めた食品。 **ししゃも** 	1尾＝15g
さば 鮮度が落ちやすいため、早めに調理。 	半身1切れ＝180g	**あじの干物** 	1尾＝120g
鯛 脂質が少なく、消化吸収しやすい。 	1切れ＝100g	memo ししゃもは頭から尾まで食べられ、廃棄するところがありません。皮や骨の栄養も全部とることができます。	

memo **切り身魚の廃棄率はほぼゼロか？**

切り身魚の場合、皮を残すことも。そのため廃棄率ゼロといえないかもしれません。皮にはさまざまな栄養素が含まれているため、皮を食べるか食べないかでは摂取する栄養価が変わってきます。皮も食べて廃棄率をゼロにしましょう。

魚介類

低カロリーで高たんぱくのものが多い魚介類。えびや貝など、殻がついているものは廃棄率が高いため、購入時に気をつけましょう。

	食材名	目安量	正味量	廃棄率
えび（縁起のよい食材。丸ごと食べるさくらえびは、カルシウム豊富。）	有頭えび（ブラックタイガー） 	4尾＝100ｇ	4尾＝45ｇ	55％（頭と殻、背ワタを取る）
	無頭えび（芝えび） 	7尾＝100ｇ	7尾＝75ｇ	25％（殻と背ワタを取る）
	むきえび 	1カップ＝170ｇ	1カップ＝170ｇ	0％
	さくらえび 	1カップ＝25ｇ	1カップ＝25ｇ	0％
		大さじ1＝2ｇ	大さじ1＝2ｇ	0％
たこ（世界で最もたこを食べているのは、日本人といわれている。）	ゆでだこ 	小1杯＝250ｇ	小1杯＝250ｇ	0％
		足1本＝130ｇ	足1本＝130ｇ	0％
	水だこ 	1本＝250ｇ	1本＝250ｇ	0％
	たこぶつ 	1個＝8ｇ	1個＝8ｇ	0％

memo **無頭えびと有頭えびの違い**

無頭えびと有頭えびの違いは、頭がついているかついていないかの違いです。有頭えびがおせち料理でよく使われるのは、ひげが長く腰が曲がっていることから老人になぞらえ、長生きするようにとの願いが込められているからです。

食材名			目安量	正味量	廃棄率
いか 脂肪が少なく、食べ応えがあるため、ダイエット向きの食材。	やりいか		1杯＝250g	1杯＝190g	25%（内蔵と軟骨など除く）
	するめいか		1杯＝250g	1杯＝190g	25%（内蔵と軟骨など除く）
	ほたるいか		5杯＝25g	5杯＝25g	0%
	一夜干し		1杯分＝150g	1杯分＝150g	0%
	げそ		1杯分＝35g	1杯分＝35g	0%
	ロールイカ		1本＝170g	1本＝170g	0%
ほたて タウリンやミネラルが豊富。	殻つき		1枚＝160g	1枚＝80g	50%（殻を取る）
	貝柱		1粒＝30g	1粒＝30g	0%
あさり うまみも栄養もたっぷり。	殻つき		5粒＝50g	5粒＝20g	60%（殻を取る）
			1カップ＝200g	1カップ＝80g	60%（殻を取る）
	むき身		1カップ＝200g	1カップ＝200g	—

食材名	目安量	正味量	廃棄率
しじみ 小粒でも栄養価が高く、肝臓によい。 	1カップ ＝185g	1カップ ＝75g	60% （殻を取る）
はまぐり はまぐりの潮汁は、ひな祭りの定番。 	殻つき3粒 ＝90g	むき身3粒 ＝35g	60% （殻を取る）
さざえ 巻貝の一種。苦みとコリコリした食感が特徴。 	特大1個 ＝120g	特大1個 ＝50g	60% （殻を取る）

食材名	目安量	食材名	目安量
しらす干し 主に片口いわしの稚魚。 	1カップ ＝80g 大さじ1＝6g	**ちりめんじゃこ** しらす干しを乾燥させたもの。 	1カップ ＝60g 大さじ1 ＝5g
うなぎの蒲焼 スタミナを回復するのに効果的。 	1枚＝160g	**いくら** 鮭の卵。1粒ずつほぐしたもの。 	大さじ1 ＝16g
アンチョビ カタクチイワシ科の小魚の塩蔵品。 	1枚＝3g	**たらこ** すけとうだらの卵巣の塩蔵品。 	中1腹 ＝130g
memo たらこや明太子は、2本つながっているものを1腹と数えます。1本と1腹では、分量が違うので気をつけて。		**明太子** たらこを唐辛子などで漬けたもの。 	大1/2腹 （大1本） ＝130g

練り製品

魚のすり身に調味料などを加え、蒸す、焼く、揚げるなど、加熱して凝固させた加工品。主におでんの具として使います。

食材名	目安量	食材名	目安量
ちくわ すり身を棒に巻きつけ、蒸すか焼く。 	大1本 （16×3cm） ＝230g 小1本 （10.5×2.5cm） ＝25g	**かまぼこ** 調味料を加えたすり身を加熱。 	1本＝150g 1/10カット ＝15g

食材名	目安量	食材名	目安量
さつま揚げ すり身を揚げたもの。揚げかまぼこ。 	1枚＝55ｇ	**かに風味かまぼこ** 色や食感をかにに似せたもの。 	1本＝15ｇ
ごぼう巻き ごぼうにすり身を巻いた揚げかまぼこ。 	1本＝20ｇ	**こんにゃく** ほとんどが水分のヘルシー食材。 	1枚＝250ｇ
はんぺん すり身に山いもを加えゆでたもの。	1枚＝100ｇ	**しらたき** 糸状にして固めたもの。	1パック＝200ｇ
つみれ すり身に卵白などを加えたもの。 	3個＝60ｇ	**糸こんにゃく** 板こんにゃくを細切りにしたもの。 	1パック＝180ｇ

乳製品

牛やヤギなど、動物の乳を加工した製品には、乳以上に栄養価が高いものがあります。手軽にカルシウム補給できる食材を紹介します。

	食材名	目安量
チーズ（栄養は牛乳の10倍。少量でしっかり栄養補給。）	**スライスチーズ**	1枚＝18ｇ
	プロセスチーズ 	1個＝25ｇ
	カッテージチーズ 	1パック＝125ｇ
	カマンベールチーズ 	1ホール＝120ｇ 1/6カット＝20ｇ

	食材名	目安量
チーズ	**クリームチーズ** 	1箱＝200ｇ
	粉チーズ 	1カップ＝90ｇ 大さじ1＝6ｇ
	ピザ用チーズ 	1カップ＝210ｇ 大さじ1＝15ｇ

memo　1日のカルシウムの摂取量を満たすチーズの量は、約100ｇです。

食材名		目安量	食材名		目安量
牛乳・ヨーグルトなど 不足しがちなカルシウムの補給に。	**プレーンヨーグルト** 	1カップ＝220g	**牛乳・ヨーグルトなど**	**生クリーム** 	1カップ＝200g
		大さじ1＝18g			大さじ1＝15g
	牛乳 	1カップ＝210g		**脱脂粉乳** 	1カップ＝85g
		大さじ1＝15g			大さじ1＝6g

卵

卵の目安量を知ると、料理やお菓子作りに役立ちます。卵黄と卵白は分けて使うこともあるのでそれぞれおさえておきましょう。

食材名	目安量	正味量	廃棄率
鶏卵 バランスのとれた栄養を手軽にとることができる優れた食品。 	L1個＝70g	L1個＝60g	15%（殻とカラザを取る）
	M1個＝60g	M1個＝50g	15%（殻とカラザを取る）
	S1個＝50g	S1個＝45g	15%（殻とカラザを取る）
卵黄 ビタミンA・B群・Dを多く含む。 	M1個分＝20g	M1個分＝20g	－
卵白 90%が水分。残りはたんぱく質。 	M1個分＝30g	M1個分＝30g	－
うずらの卵 小さいが、鉄、ビタミンA・B_2が豊富。 	3個＝30g	3個＝25g	15%（殻を取る）
ピータン 中国料理で使われる、アヒルの卵の加工品。 	1個＝85g	1個＝50g	45%（泥と殻を除く）
	殻むき1/2個＝25g	殻むき1/2個＝25g	－

大豆加工品・豆

豆はいも類や根菜類を上回る食物繊維を含む健康食品。大豆を使った代表的な加工品、乾燥豆とゆでた豆の目安量を紹介します。

食材名		目安量
豆腐 大豆加工品の代表的なもの。作り方によってさまざまな種類がある。	**絹** 	1丁 =200～400g
	木綿 	1丁 =200～400g
	焼き豆腐 	1丁=300g
	おぼろ豆腐 	1丁=300g
	厚揚げ 	1枚=200g
	油揚げ 	1枚 =20～40g
	がんもどき 	1個 (直径4.5cm) =55g

memo 豆腐1丁といっても地域により大きさが異なります。都心では300～350g、沖縄では1kgが一般的です。

食材名		目安量
湯葉 濃いめの豆乳を加熱した際にできる表面の膜。	**生** 	1枚=30g
	乾燥	1枚 (6×9cm) =3g
納豆 ヘルシー＆優秀な健康食品。		1パック =50g
豆乳 たんぱく質、ビタミンB_1などの含有率は牛乳に近い。		1カップ =210g
		大さじ1 =15g
おから 卯の花、きらずともいう。半分以上が食物繊維。	**生** 	1カップ =135g
		大さじ1 =10g
		小さじ1 =4g
	乾燥	1カップ =55g
		大さじ1 =4g
		小さじ1 =1g

食材名	目安量	戻す	戻した重量
高野豆腐 別名、凍り豆腐。保存食品としても大活躍。 	4枚＝70ｇ	300％	210ｇ
大豆 肉や卵に負けない良質なたんぱく質を含む。 	1カップ＝150ｇ	約215％	320ｇ
ゆで大豆 五目豆やいり大豆、みそなどに。 	1カップ＝165ｇ	―	―
金時豆 いんげん豆（キドニービーンズ）の一種。 	1カップ＝160ｇ	約200％	320ｇ
ゆで金時豆 チリコンカンなどの煮込み料理に。 	1カップ＝140ｇ	―	―
小豆 大粒の品種「大納言」は煮崩れしにくい。 	1カップ＝180ｇ	約250％	450ｇ
ゆで小豆 赤飯やあずき粥、あんこや汁粉などに。 	1カップ＝140ｇ	―	―
白花豆 紅花いんげんの一種。白い花が咲く。 	1カップ＝160ｇ	約220％	350ｇ
ゆで白花豆 煮豆やサラダ、ピュレにしても。 	1カップ＝140ｇ	―	―
レンズ豆 形が凸レンズに似ている。水戻し不要。 	1カップ＝170ｇ	―	―

食材名		目安量	戻す	戻した重量
ゆでレンズ豆 スープやカレー、コロッケの具などに。		1カップ ＝175ｇ	－	－
ガルバンゾー ひよこ豆のこと。食感が栗に似ている。		1カップ ＝160ｇ	約200％	320ｇ
ゆでガルバンゾー サラダやスープ、カレーなどに。		1カップ ＝155ｇ	－	－

ごはん・麺・パン

主食となるごはん、麺、パンなどの1食分や食べやすい分量を紹介します。カロリー計算をするときの参考にしてみてください。

分類	食材名		目安量	分類	食材名		目安量
ごはん ビタミンB群、ミネラル、食物繊維が多い、大切なエネルギー源。	**白米**		1合＝150ｇ	**ごはん・餅**	**赤飯**		茶碗1杯 ＝150ｇ
	ごはん		茶碗1杯 ＝150ｇ		**切り餅**		1個＝50ｇ
	雑穀ごはん		茶碗1杯 ＝150ｇ		**ゆでそば** のりで巻いたそばずしにも。		1玉分＝160ｇ
	玄米ごはん		茶碗1杯 ＝150ｇ		**蒸し中華麺** ラーメンや焼きそばなど。		1玉分＝180ｇ
	発芽玄米ごはん		茶碗1杯 ＝150ｇ		**ゆでうどん** 焼きうどんやサラダうどんに。		1玉分＝220ｇ
	おかゆ		茶碗1杯 ＝200ｇ		memo ごはんの茶碗1杯分の糖質量は、55.2ｇ。糖質が気になる人は、目安として覚えておくとよいでしょう。		

乾麺・生麺

乾麺は賞味期限が長く、ゆでる量やかたさを調節できる。生麺は食感がよい。

食材名		目安量	ゆでる	ゆでた後
そば（乾燥）		1束＝90g	約255％	1束分＝230g
うどん（乾燥）		1束＝90g	約300％	1束分＝270g
そうめん（乾燥）		2束＝100g	250％	2束分＝250g
ビーフン（乾燥）		1パック＝150g	160％	1パック分＝240g
スパゲッティ（乾燥）		1食＝100g	235％	1食分＝235g
中華そば（生麺）		1玉＝135g	約165％	1玉分＝220g
春雨（乾燥）		1袋＝100g	250％	1袋分＝250g

食材名	目安量
食パン 四角い型で焼いたパンの一種。 	1斤＝400g 6枚切り1枚＝65g 8枚切り1枚＝50g
バターロール バターをたっぷり使ったパン。 	1個＝30g

食材名	目安量
フランスパン（バタール） 仏語で「中間の」。バゲットより太く短い。 	1本（8.5×40cm）＝270g 10cm＝70g 1cm＝7g
ぶどうパン 干しぶどうが入っているパン。 	1個＝40g

食材名	目安量	食材名	目安量
フランスパン（バゲット） 仏語で「枝」。細長い形のフランスパン。 	1本（6.5×60cm）＝250ｇ 10cm＝40ｇ 1cm＝4ｇ	**ベーグル** ゆでてから焼くドーナツ形のパン。 	1個＝100ｇ
		コーンフレーク とうもろこしの加工品。消化がよい。 	1カップ＝35ｇ
クロワッサン バターを生地に折り込んで焼く。 	1個＝40ｇ	memo	カリッとした皮、軽い食感を楽しむフランスパンは「見た目より重量が軽いもの」を選ぶのがポイントです。

粉類・その他

和菓子、洋菓子、パン、料理などで使う粉類、中華料理でよく使う餃子の皮などの目安量を紹介します。

食材名	目安量	食材名	目安量
強力小麦粉 グルテンが多い。パンや中華まんに。 	1カップ＝110ｇ 大さじ1＝9ｇ 小さじ1＝3ｇ	**上新粉** 和菓子だけではなく、洋菓子にも。 	1カップ＝130ｇ 大さじ1＝9ｇ 小さじ1＝3ｇ
薄力小麦粉 ケーキなどのお菓子、天ぷらなどに。 	1カップ＝110ｇ 大さじ1＝9ｇ 小さじ1＝3ｇ	**白玉粉** 豆腐を混ぜればヘルシー白玉に。 	1カップ＝110ｇ 大さじ1＝9ｇ 小さじ1＝3ｇ
片栗粉 水溶き片栗粉は料理のとろみづけに。 	1カップ＝130ｇ 大さじ1＝9ｇ 小さじ1＝3ｇ	**米粉** パンやお菓子、揚げ物にも。 	1カップ＝130ｇ 大さじ1＝9ｇ 小さじ1＝3ｇ

食材名	目安量
パン粉 粉状にしたパンを乾燥させたもの。	1カップ＝40ｇ 大さじ1＝3ｇ 小さじ1＝1ｇ
生パン粉 パン粉に比べてあまり日持ちしない。	1カップ＝40ｇ 大さじ1＝3ｇ 小さじ1＝1ｇ
コーンスターチ ケーキやクッキー、揚げものにも。	1カップ＝100ｇ 大さじ1＝6ｇ 小さじ1＝2ｇ
オートミール オーツ麦を食べやすくした加工食品。	1カップ＝80ｇ 大さじ1＝6ｇ 小さじ1＝2ｇ

食材名	目安量
ベーキングパウダー 略称BP。ふくらし粉ともいう。	大さじ1＝12ｇ 小さじ1＝4ｇ
粉ゼラチン 原料はコラーゲン。ゼリーなどに。	1袋＝5ｇ
粉寒天 原料は海藻。羊羹や杏仁豆腐などに。	1袋＝4ｇ
餃子の皮 水餃子は厚め、焼き餃子は薄め。	1枚（直径8㎝）＝6ｇ
春巻きの皮 裏表に注意。ザラザラした面が裏。	1枚＝14ｇ
シューマイの皮 餃子の皮よりも薄くてかため。	1枚（6.5㎝角）＝4ｇ
ワンタンの皮 かん水を使用するため、やや黄色い。	1枚（9.5㎝角）＝5ｇ

memo　お菓子作りは計量が大切。粉類はふるってから量るのがおすすめです。

栄養成分表を使って一日に食べた料理から、
栄養士になった気分でカロリーや塩分料を計算してみましょう。
※栄養価は「日本食品標準成分表2015年版（七訂）」を参照。

ヤサイハ ゴサラ
緑黄色野菜２皿
淡色野菜２皿
いも１皿

ゴハンハ シッカリ
ごはん、麺、
パン３食

オヤツハ クダモノ
果物1/2～１個

と覚えておくと、1日に必要な栄養素をバランスよくとることができます。定番のおかずの栄養価を把握しておくと、献立を作るときに役に立ちます。

マグネシウム（mg）	鉄（mg）	ビタミンA（µg）	ビタミンD（µg）	ビタミンE（mg）	ビタミンB_1（mg）	ビタミンB_2（mg）	ナイアシン（mg）	ビタミンB_6（mg）	ビタミンB_{12}（µg）	葉酸（µg）	ビタミンC（mg）	コレステロール（mg）	食物繊維（g）	食塩相当量（g）
27	0.5	6	7.1	0.0	0.10	0.10	4.4	0.30	7.0	4	0	54	0.0	2.2
43	1.0	24	7.3	2.1	0.16	0.17	4.6	0.40	7.1	71	44	96	2.3	1.8
63	0.6	10	0.2	1.7	0.10	0.45	5.1	0.26	4.3	43	13	200	1.5	3.1
28	1.8	7	25.6	2.0	0.02	0.31	5.8	0.39	12.6	8	0	54	0.4	2.0
44	1.0	27	0.2	2.9	0.12	0.11	3.1	0.12	1.6	34	16	178	1.1	1.9
21	1.0	13	11.9	1.4	0.01	0.22	5.7	0.41	12.3	11	0	52	0.0	2.2
25	0.5	83	25.7	1.5	0.14	0.19	5.4	0.53	4.7	27	12	72	0.8	1.3

1日に何をどれだけ食べればよいか（皿数摂取法）

1日の食事でとりたい主食やおかずの基本量は、

ウオイチ ニクイチ	マメイチ	タマゴイチ	ギュウニュウ ニハイニ
魚・肉どちらかのおかず1皿	豆・大豆製品のおかず1皿	卵のおかず1皿	牛乳2杯

料理別栄養成分表

	料理名	材料（1人分）	エネルギー（kcal）	たんぱく質（g）	脂質（g）	炭水化物（g）	ナトリウム（mg）	カルシウム（mg）
ウオイチ	あじの塩焼き	あじ1尾、塩小さじ1/3	101	15.7	3.6	0.1	884	53
ウオイチ	あじフライ	あじ（1尾）正味80g、キャベツ2枚、レモン適量、塩小さじ1/4、こしょう少々、小麦粉・卵・パン粉・揚げ油各適量	289	35.6	19.0	12.2	731	101
ウオイチ	いかと大根の煮物	いか（胴のみ）正味80g、大根100g、しょうが（薄切り）1枚、だし汁100mℓ、酒・みりん・しょうゆ各大さじ1	160	16.8	0.8	14.8	1236	40
ウオイチ	いわしの梅干し煮	いわし（2尾）正味80g、梅干し1個、しょうが（薄切り）1枚、酒大さじ1、みりん大さじ1/2	177	15.5	7.4	5.9	763	64
ウオイチ	えびフライ	えび（3尾）正味80g、サラダ菜・レモン各適量、塩小さじ1/4、小麦粉・卵・パン粉・揚げ油各適量	214	36.4	11.8	8.6	759	54
ウオイチ	さんまの塩焼き	さんま1尾、塩小さじ1/3	238	14.1	18.9	0.1	884	21
ウオイチ	鮭のムニエル	生鮭（切り身／1切れ）正味80g、レモン（輪切り）1枚、塩小さじ1/6、ドライハーブ少々、小麦粉大さじ1/2、バター大さじ1、クレソン少々	207	35.1	13.4	5.0	534	27

マグネシウム（mg）	鉄（mg）	ビタミンA（μg）	ビタミンD（μg）	ビタミンE（mg）	ビタミンB_1（mg）	ビタミンB_2（mg）	ナイアシン（mg）	ビタミンB_6（mg）	ビタミンB_{12}（μg）	葉酸（μg）	ビタミンC（mg）	コレステロール（mg）	食物繊維（g）	食塩相当量（g）
34	0.4	8	4.0	0.9	0.08	0.06	5.0	3.27	1.0	24	5	54	0.8	1.0
28	1.2	43	6.4	1.7	0.19	0.31	7.8	0.38	3.0	11	6	58	0.3	1.4
22	1.0	4	0.0	0.4	0.08	0.17	3.3	0.28	1.8	8	1	51	0.1	1.4
79	1.9	218	2.6	0.7	0.31	0.39	11.1	0.51	1.4	83	23	71	9.6	3.0
39	1.7	81	0.3	1.1	0.63	0.25	5.1	0.42	0.5	62	20	59	2.6	0.5
28	1.0	23	0.4	1.9	0.55	0.24	3.1	0.31	0.5	64	31	97	1.6	1.2
26	0.8	99	0.1	0.8	0.08	0.22	4.9	0.45	0.2	18	4	64	0.4	1.7
28	1.2	40	1.1	0.4	0.13	0.25	4.1	3.23	0.5	41	6	178	0.7	1.2

料理別栄養成分表

	料理名	材料（1人分）	エネルギー（kcal）	たんぱく質（g）	脂質（g）	炭水化物（g）	ナトリウム（mg）	カルシウム（mg）
ウオイチ	鯛の煮つけ	鯛（切り身／1切れ）正味80ｇ、しょうが（せん切り）1/2かけ、長ねぎ1/4本、しょうが（薄切り）1枚、しょうゆ大さじ1/3、みりん大さじ1/2	152	17.4	4.6	7.2	386	21
ウオイチ	ぶりの照り焼き	ぶり（切り身／1切れ）正味80ｇ、しし唐辛子2本、しょうゆ・みりん各大さじ1/2、酒大さじ1 1/2、ごま油小さじ1	297	18.0	18.1	6.6	541	8
ニクイチ	牛肉のしぐれ煮	牛こま切れ肉80ｇ、しょうが（せん切り）1枚分、しょうゆ・みりん・酒各大さじ1/2、砂糖小さじ1	254	14.2	15.7	8.7	559	7
ニクイチ	炒り鶏	鶏もも肉80ｇ、れんこん30ｇ、干ししいたけ3枚、里いも50ｇ、にんじん30ｇ、ごぼう15ｇ、こんにゃく40ｇ、絹さや2枚、酒大さじ2、だし汁300㎖、しょうゆ・みりん各大さじ1、ごま油大さじ1/2	412	20.6	19.2	36.4	1163	61
ニクイチ	餃子	豚ひき肉80ｇ、キャベツ1枚、にら5本、長ねぎ（みじん切り）大さじ1、片栗粉大さじ1/2、しょうゆ・酒各小さじ1/2、餃子の皮10枚、ごま油大さじ1/2	452	20.9	20.8	41.2	220	43
ニクイチ	とんかつ	豚肩ロース厚切り肉1枚80ｇ、キャベツ2枚、塩小さじ1/6、こしょう少々、小麦粉・卵・パン粉・揚げ油各適量	360	33.5	28.3	10.4	474	41
ニクイチ	鶏つくね	鶏ひき肉80ｇ、万能ねぎ1本、にんじん（せん切り）大さじ1、卵白1/2個、片栗粉大さじ1/2、塩小さじ1/8、しょうゆ大さじ1/4、酒大さじ1、はちみつ大さじ1/2、ごま油小さじ1	263	16.1	15.4	14.5	645	16
ニクイチ	鶏の照り焼き	鶏もも肉80ｇ、ゆで卵1/2個、長ねぎ1/4本、しょうが（薄切り）1枚、しょうゆ小さじ1、砂糖小さじ1/2、みりん大さじ1/2	243	17.3	14.0	8.4	427	28

	マグネシウム（mg）	鉄（mg）	ビタミンA（μg）	ビタミンD（μg）	ビタミンE（mg）	ビタミンB_1（mg）	ビタミンB_2（mg）	ナイアシン（mg）	ビタミンB_6（mg）	ビタミンB_{12}（μg）	葉酸（μg）	ビタミンC（mg）	コレステロール（mg）	食物繊維（g）	食塩相当量（g）
	27	0.8	0	0.6	0.4	0.13	0.15	4.0	0.25	0.2	21	17	71	1.3	1.1
	32	1.3	9	0.3	0.4	0.60	0.25	4.8	0.39	0.5	17	5	59	1.7	1.8
	29	2.0	37	0.4	1.0	0.34	0.24	4.2	0.30	1.0	26	5	109	0.8	2.6
	17	0.4	10	0.2	0.3	0.23	0.07	2.1	0.19	0.2	58	30	28	1.3	3.6
	20	0.7	3	0.1	0.2	0.41	0.12	4.0	0.21	0.4	6	1	56	0.0	1.8
	22	0.9	23	0.2	0.4	0.51	0.21	3.0	0.26	0.4	12	3	55	0.3	1.4
	27	1.5	74	0.1	1.0	0.10	0.16	8.0	0.62	1.2	14	12	129	0.8	1.4

料理別栄養成分表	料理名	材料（1人分）	エネルギー（kcal）	たんぱく質（g）	脂質（g）	炭水化物（g）	ナトリウム（mg）	カルシウム（mg）
ニクイチ	**鶏のから揚げ**	鶏もも肉80ｇ、レモン適量、しょうが（すりおろし）・にんにく（すりおろし）各小さじ1/4、しょうゆ・酒・みりん各小さじ1、こしょう少々、強力粉大さじ2、揚げ油適量	269	16.1	12.6	18.8	394	19
ニクイチ	**シュウマイ**	豚ひき肉80ｇ、玉ねぎ1/4個、しょうが（みじん切り）大さじ1/2、片栗粉大さじ1、卵白1/3個、酒大さじ1/2、しょうゆ小さじ1、塩小さじ1/8、こしょう少々、グリーンピース6粒、シュウマイの皮6枚	329	18.6	14.1	27.1	720	23
ニクイチ	**ハンバーグ**	合いびき肉80ｇ、玉ねぎ（みじん切り）大さじ1/2、卵1/4個、パン粉大さじ2、塩小さじ1/6、ナツメグ少々、大根おろし大さじ2、青じそ1枚、しょうゆ・みりん各大さじ1/2、サラダ油適量、ごま油小さじ1	356	17.3	25.2	10.7	1004	26.5
ニクイチ	**ロールキャベツ**	豚バラ薄切り肉2枚、キャベツ（2枚）100ｇ、イタリアンパセリ適量、塩小さじ1/6、こしょう少々、水300mℓ、コンソメスープの素小さじ1 1/2	188	7.1	14.6	34.2	1434	34
ニクイチ	**豚の角煮**	豚バラ肉80ｇ、酒50mℓ、しょうゆ大さじ2/3、みりん大さじ1、砂糖小さじ1	435	12.6	28.3	14.8	731	6
ニクイチ	**豚のしょうが焼き**	豚肩ロース薄切り肉80ｇ、サラダ菜適量、しょうが汁小さじ1、しょうゆ・酒各大さじ1/2、みりん大さじ1、ごま油大さじ1/2	317	14.6	21.4	9.8	559	13
ニクイチ	**ビーフステーキ**	牛ステーキ用肉150ｇ、にんにく（薄切り）1/2かけ、レモン（輪切り）1枚、オレガノ適量、塩小さじ1/6、こしょう少々、白ワイン大さじ1、バター大さじ1	611	25.3	51.7	3.3	552	16

マグネシウム（mg）	鉄（mg）	ビタミンA（μg）	ビタミンD（μg）	ビタミンE（mg）	ビタミンB_1（mg）	ビタミンB_2（mg）	ナイアシン（mg）	ビタミンB_6（mg）	ビタミンB_{12}（μg）	葉酸（μg）	ビタミンC（mg）	コレステロール（mg）	食物繊維（g）	食塩相当量（g）
145	1.2	3	0.0	1.1	0.10	0.05	1.8	0.13	0.4	28	8	0	1.2	2.1
91	2.4	144	0.5	0.8	0.10	0.14	4.1	0.15	0.8	46	12	0	11.1	2.7
64	1.0	6	0.0	0.2	0.10	0.07	0.3	0.08	0.0	18	1	0	0.7	1.3
152	1.7	23	0.3	0.7	0.35	0.16	4.2	3.21	0.7	41	8	37	1.2	1.5
138	1.5	7	0.1	0.4	0.31	0.12	2.3	0.18	0.2	25	3	22	0.8	1.2
13	1.2	174	1.0	1.8	0.07	0.25	0.4	0.10	0.5	39	15	228	0.7	1.5
8	1.0	75	0.9	0.5	0.03	0.22	0.1	0.05	0.5	22	0	210	0.0	0.6
7	0.9	133	1.0	0.7	0.04	0.24	0.1	0.04	0.5	22	0	223	0.0	1.9

料理別栄養成分表

	料理名	材料（１人分）	エネルギー（kcal）	たんぱく質（g）	脂質（g）	炭水化物（g）	ナトリウム（mg）	カルシウム（mg）
マメイチ	**揚げ出し豆腐**	木綿豆腐100ｇ、しし唐辛子２本、大根おろし大さじ２、しょうが（すりおろし）少々、片栗粉大さじ１、だし汁100mℓ、薄口しょうゆ大さじ2/3、みりん大さじ１、酒大さじ1/2、揚げ油適量	225	8.2	10.3	19.8	843	100
マメイチ	**五目豆**	大豆の水煮100ｇ、干ししいたけ１枚、れんこん・ごぼう・にんじん・こんにゃく各20ｇ、昆布（2cm角）１枚、だし汁200mℓ、塩小さじ1/8、砂糖小さじ1/2、しょうゆ・みりん各大さじ1/2	223	16.4	7.0	25.5	1111	140
マメイチ	**豆腐のステーキ**	絹ごし豆腐100ｇ、三つ葉少々、しょうゆ大さじ1/2、みりん大さじ１、小麦粉大さじ1/2、ごま油大さじ1/2	167	22.8	9.3	14.5	529	64
マメイチ	**肉豆腐**	木綿豆腐100ｇ、豚バラ薄切り肉50ｇ、長ねぎ1/4本、万能ねぎ（小口切り）少々、だし汁100mℓ、酒・しょうゆ大さじ1/2、みりん大さじ１、七味唐辛子少々	343	15.7	22.0	13.5	619	109
マメイチ	**麻婆豆腐**	木綿豆腐100ｇ、豚ひき肉30ｇ、長ねぎ（みじん切り）大さじ２、麻婆豆腐の素（市販）１人分、ごま油大さじ１	299	13.6	23.6	6.5	566	98
タマゴイチ	**オムレツ**	卵１個、生クリーム大さじ１、イタリアンパセリ適量、塩小さじ1/6、オリーブオイル大さじ1/2、ミニトマト３個、玉ねぎ（みじん切り）・オリーブオイル各小さじ１、塩・こしょう各少々	247	7.0	22.0	4.3	583	43
タマゴイチ	**温泉卵**	卵１個、だししょうゆ小さじ１	78	6.4	5.2	0.5	242	26
タマゴイチ	**スクランブルエッグ**	卵１個、牛乳大さじ１、塩小さじ1/4、バター10ｇ	160	6.7	13.8	0.9	736	44

マグネシウム（mg）	鉄（mg）	ビタミンA（μg）	ビタミンD（μg）	ビタミンE（mg）	ビタミンB_1（mg）	ビタミンB_2（mg）	ナイアシン（mg）	ビタミンB_6（mg）	ビタミンB_{12}（μg）	葉酸（μg）	ビタミンC（mg）	コレステロール（mg）	食物繊維（g）	食塩相当量（g）
6	0.9	75	0.9	0.5	0.03	0.22	0.2	0.04	0.5	22	0	210	0.0	0.2
16	1.2	79	0.9	0.7	0.05	0.26	2.3	0.10	1.0	30	0	232	0.0	1.3
14	1.2	82	1.1	1.1	0.27	0.27	2.7	0.13	0.6	25	21	226	0.1	1.2
61	1.2	179	0.5	2.2	0.22	0.46	3.4	0.27	0.8	130	57	85	3.3	4.0
48	1.0	321	0.6	0.7	0.22	0.37	5.1	0.44	0.5	49	32	78	3.1	3.5
13	0.8	33	0.1	1.9	0.21	0.17	1.5	0.19	0.1	192	20	8	2.0	1.1
112	3.2	49	0.0	0.2	0.17	0.17	2.0	0.24	0.0	89	8	0	5.4	1.0
9	0.3	5	0.0	0.1	0.03	0.04	0.7	0.09	0.0	48	19	0	1.6	1.5

料理別栄養成分表

	料理名	材料（1人分）	エネルギー（kcal）	たんぱく質（g）	脂質（g）	炭水化物（g）	ナトリウム（mg）	カルシウム（mg）
タマゴイチ	**だし巻き卵**	卵1個、だし汁大さじ1/2、みりん小さじ1、砂糖小さじ1/2、ごま油小さじ1	133	6.2	9.2	4.2	72	26
	茶碗蒸し	卵1個、鶏もも肉10g、ゆでえび1尾、だし汁100mℓ、酒大さじ1、薄口しょうゆ小さじ1、銀杏の水煮1個、三つ葉1枚	127	10.2	6.7	2.1	495	62
	ハムエッグ	卵1個、薄切りハム2枚、パセリ少々、オリーブオイル大さじ1/2	210	12.8	16.7	0.8	470	32
ギュウニュウニハイニ	**えびグラタン**	牛乳150mℓ、むきえび30g、ブロッコリー3房、マッシュルーム1個、マカロニ30g、小麦粉5g、コンソメスープの素小さじ1、塩小さじ1/4、こしょう少々、ピザ用チーズ大さじ2、パン粉小さじ1、バター7g	404	21.5	17.8	38.7	1597	322
	クリームシチュー	牛乳100mℓ、鶏もも肉60g、玉ねぎ1/4個、にんじん1/6本、じゃがいも1/2個、マッシュルーム2個、小麦粉5g、コンソメスープの素小さじ1、塩小さじ1/4、こしょう少々、バター大さじ1/2	341	16.6	17.8	29.1	1401	136
ヤサイハゴサラ	**アスパラガスとベーコンの炒め物**	グリーンアスパラガス100g、ベーコン1枚、にんにく1/2かけ、塩小さじ1/8、こしょう少々、オリーブオイル小さじ1	123	4.7	10.1	4.7	434	20
	いんげんのごまあえ	さやいんげん100g、白練りごま・白すりごま・砂糖各大さじ1、薄口しょうゆ大さじ1/3	206	7.0	13.2	19.0	379	337
	かぶの甘酢漬け	かぶ100g、砂糖大さじ1、酢大さじ2、塩小さじ1/4、赤唐辛子（輪切り）少々	63	0.8	0.1	14.4	592	25

	マグネシウム（mg）	鉄（mg）	ビタミンA（μg）	ビタミンD（μg）	ビタミンE（mg）	ビタミンB_1（mg）	ビタミンB_2（mg）	ナイアシン（mg）	ビタミンB_6（mg）	ビタミンB_{12}（μg）	葉酸（μg）	ビタミンC（mg）	コレステロール（mg）	食物繊維（g）	食塩相当量（g）
	30	0.8	335	0.0	6.7	0.09	0.11	1.6	0.27	0.0	46	44	8	4.1	0.5
	28	0.5	330	0.0	4.9	0.08	0.10	2.0	0.23	0.1	43	43	0	3.5	0.7
	25	0.5	32	0.0	0.3	0.04	0.05	0.5	0.07	0.1	30	14	0	1.8	1.7
	17	0.4	41	0.0	1.0	0.04	0.04	0.3	0.13	0.0	82	41	0	2.4	0.6
	71	1.2	3	0.0	0.7	0.07	0.07	0.7	0.14	0.0	76	3	0	6.2	1.4
	14	2.8	261	0.0	0.9	0.10	0.13	1.0	0.14	0.0	117	40	0	2.3	0.9
	26	0.5	3	0.0	1.3	0.11	0.03	0.6	0.22	0.0	55	45	0	3.8	0.4
	27	0.6	0	0.0	0.6	0.09	0.04	3.2	0.19	0.6	32	6	0	2.3	1.3
	53	0.4	4	0.0	0.1	0.10	0.06	4.0	0.10	1.0	46	13	0	3.3	1.6

料理別栄養成分表

	料理名	材料（1人分）	エネルギー（kcal）	たんぱく質（g）	脂質（g）	炭水化物（g）	ナトリウム（mg）	カルシウム（mg）
ヤサイハゴサラ	かぼちゃのサラダ	かぼちゃ100g、玉ねぎ1/10個、レーズン8粒、プレーンヨーグルト大さじ1/2、マヨネーズ大さじ1、塩・こしょう各少々	210	2.7	9.6	29.4	206	34
	かぼちゃの煮物	かぼちゃ100g、だし汁大さじ2、みりん大さじ1 1/2、薄口しょうゆ小さじ2/3	137	2.3	0.3	28.7	260	17
	きゅうりとわかめの酢の物	きゅうり100g、塩蔵わかめ20g、しょうが（せん切り）大さじ1/2、だし汁大さじ1、酢・薄口しょうゆ各大さじ1/2、砂糖小さじ1/2	31	2.0	0.2	6.3	680	38
	コールスローサラダ	キャベツ100g、にんじん5g、ホールコーン大さじ1、フレンチドレッシング（市販）大さじ1、こしょう少々	98	1.6	6.6	9.4	218	44
	ごぼうのきんぴら	ごぼう100g、白いりごま小さじ1、赤唐辛子（輪切り）少々、砂糖小さじ1、酒・しょうゆ各大さじ1/2、ごま油大さじ1/2	165	3.1	7.8	20.4	532	85
	小松菜の炒め物	小松菜100g、長ねぎ10g、しょうが5g、鶏がらスープの素小さじ1/4、酒大さじ1/2、水溶き片栗粉（片栗粉小さじ1＋水小さじ2）、ごま油小さじ2	115	1.8	8.2	7.2	362	175
	さつまいものレモン煮	さつまいも100g、レモン（薄切り）2枚、砂糖大さじ1/2、塩少々	168	1.1	0.6	40.1	141	53
	里いもの含め煮	里いも100g、だし汁150㎖、薄口しょうゆ小さじ1、塩少々、みりん大さじ1	109	2.6	0.3	21.3	526	15
	大根のおでん	大根100g、昆布（3×10㎝）2枚、だし汁250㎖、酒・みりん各大さじ1、薄口しょうゆ小さじ1	97	2.6	0.5	16.5	611	77

	マグネシウム（mg）	鉄（mg）	ビタミンA（μg）	ビタミンD（μg）	ビタミンE（mg）	ビタミンB_1（mg）	ビタミンB_2（mg）	ナイアシン（mg）	ビタミンB_6（mg）	ビタミンB_{12}（μg）	葉酸（μg）	ビタミンC（mg）	コレステロール（mg）	食物繊維（g）	食塩相当量（g）
	21	0.8	46	0.2	1.0	0.08	0.06	3.0	0.14	1.3	26	16	12	1.3	1.2
	31	0.5	16	0.0	2.3	0.08	0.09	2.1	0.11	0.4	39	4	1	2.9	0.9
	27	1.7	365	0.9	3.0	0.09	0.35	0.7	0.21	0.5	123	19	210	2.7	1.6
	19	0.4	751	0.0	0.5	0.10	0.14	2.5	0.19	0.3	26	6	13	2.8	0.9
	15	0.5	721	0.0	0.9	0.09	0.06	0.9	0.14	0.0	25	14	0	3.3	0.9
	47	1.6	71	0.0	4.8	0.17	0.24	1.8	0.33	0.4	234	121	71	4.4	1.6
	73	2.1	413	0.2	2.4	0.18	0.22	1.1	0.21	0.1	212	40	33	3.0	1.3
	74	2.3	351	0.1	2.1	0.12	0.22	1.9	0.16	0.7	213	35	6	2.8	0.6
	24	0.7	15	0.2	1.6	0.11	0.07	1.4	0.19	0.1	28	35	42	1.6	1.1

料理別栄養成分表

	料理名	材料（1人分）	エネルギー（kcal）	たんぱく質（g）	脂質（g）	炭水化物（g）	ナトリウム（mg）	カルシウム（mg）
ヤサイハゴサラ	トマトと玉ねぎのサラダ	トマト100g、玉ねぎ1/10個、かつお節大さじ2、ノンオイル和風ドレッシング（市販）大さじ1	58	5.9	0.3	8.5	467	14
	なすの煮浸し	なす100g、みょうが1個、だし汁100～150㎖、薄口しょうゆ・みりん各小さじ1、赤唐辛子1本、揚げ油適量	177	2.3	14.3	9.1	362	27
	にら玉	にら100g、卵1個、鶏がらスープの素小さじ1/4、みりん大さじ1、薄口しょうゆ大さじ1/3、こしょう少々、ごま油大さじ1	256	8.3	17.5	12.9	623	76
	にんじんのグラッセ	にんじん100g、コンソメスープ150㎖、こしょう少々、バター大さじ1/2	93	2.7	5.1	9.9	343	37
	にんじんのサラダ	にんじん100g、レーズン12粒、塩小さじ1/8、こしょう少々、レモン汁大さじ1 1/2、オリーブオイル大さじ1/2	134	1.1	6.2	20.4	341	37
	ブロッコリーとえびのサラダ	ブロッコリー100g、えび5尾、マヨネーズ大さじ1、粒マスタード小さじ1、しょうゆ大さじ1/3	163	12.4	10.5	6.9	619	69
	ほうれん草とベーコンのソテー	ほうれん草100g、ベーコン1枚、にんにく1/2かけ、塩小さじ1/8、こしょう少々、バター大さじ1	173	4.4	16.0	3.9	538	52
	ほうれん草のお浸し	ほうれん草100g、かつお節・めんつゆ（市販）各大さじ1	37	4.8	0.5	4.4	225	52
	ポテトフライ	じゃがいも100g、小麦粉・卵・パン粉・揚げ油各適量、塩小さじ1/6、こしょう少々	226	20.5	13.7	24.3	428	11

マグネシウム（mg）	鉄（mg）	ビタミンA（μg）	ビタミンD（μg）	ビタミンE（mg）	ビタミンB_1（mg）	ビタミンB_2（mg）	ナイアシン（mg）	ビタミンB_6（mg）	ビタミンB_{12}（μg）	葉酸（μg）	ビタミンC（mg）	コレステロール（mg）	食物繊維（g）	食塩相当量（g）
19	0.5	0	0.0	0.1	0.05	0.06	0.5	0.09	0.0	47	8	0	1.8	1.0
28	0.5	80	0.1	1.9	0.23	0.09	2.7	0.26	0.1	28	50	17	1.8	1.5
43	0.9	1	0.0	0.2	0.08	0.06	2.4	0.09	0.6	26	3	0	1.1	1.2
10	0.2	73	0.0	0.0	0.09	0.04	0.6	0.12	0.1	23	20	4	1.2	1.1
15	0.4	12	0.0	0.1	0.02	0.01	0.1	0.02	0.0	15	1	0	1.9	2.5
99	2.8	236	0.5	0.9	0.31	0.24	9.6	0.51	0.9	69	5	45	6.2	1.9
52	2.1	32	0.1	0.6	0.34	0.14	3.9	0.21	0.3	15	5	21	2.5	0.8
24	0.7	38	0.2	0.6	0.18	0.07	2.3	0.08	0.1	32	14	21	2.1	1.6

料理別栄養成分表

	料理名	材料（1人分）	エネルギー（kcal）	たんぱく質（g）	脂質（g）	炭水化物（g）	ナトリウム（mg）	カルシウム（mg）
ヤサイハゴサラ	もやしのナムル	もやし100g、にんにく（すりおろし）小さじ1/4、塩小さじ1/6、白すりごま小さじ1、ごま油小さじ1/2	52	2.4	3.7	3.6	392	46
	ポテトサラダ	じゃがいも100g、にんじん10g、玉ねぎ・きゅうり各5g、ハム1枚、プレーンヨーグルト・マヨネーズ各大さじ1、塩小さじ1/6、こしょう少々、レモン汁小さじ1	217	6.0	21.4	21.2	607	30
汁物・スープ	豆腐のみそ汁	絹ごし豆腐1/6丁、長ねぎ20g、だし汁150mℓ、みそ大さじ1/2弱	57	4.7	2.2	4.7	478	48
	野菜のコンソメスープ	キャベツ1/2枚、玉ねぎ1/8個、にんじん10g、じゃがいも20g、ベーコン1/2枚、水200mℓ、コンソメスープの素小さじ1、こしょう少々	65	1.9	12.0	7.9	404	17
	わかめスープ	わかめ（戻したもの）50g、長ねぎ（斜め切り）5枚、水200mℓ、鶏がらスープの素小さじ1、こしょう・白いりごま各少々	23	1.5	0.7	4.5	963	37
ゴハンハシッカリ	五目炊き込みごはん（材料・栄養価共に2人分）	米1合（180mℓ）、鶏もも肉50g、にんじん・ごぼう各30g、しめじ1/4パック、こんにゃく・油揚げ各1/4枚、だし汁180mℓ、しょうゆ大さじ2/3、みりん大さじ1/2	853	24.5	12.7	155.1	773	91
	ミートソーススパゲティ	ミートソース（市販）1人分、合いびき肉30g、玉ねぎ（みじん切り）大さじ2、スパゲッティ80g、パセリ少々、オリーブオイル小さじ1	474	17.2	13.5	77.0	316	30
	サンドイッチ	食パン（10枚切り）2枚、ロースハム1枚、きゅうり1/4本、バター大さじ1/2	299	11.0	11.2	38.4	645	33

松本仲子（まつもとなかこ）

1936年旧・京城（現ソウル）生まれ。福岡女子大学家政学部卒業。女子栄養大学大学院修士課程修了。聖徳大学大学院兼任講師。女子栄養大学名誉教授。医学博士。「調理法の簡略化が食味に及ぼす影響」などの研究を行う。著書に『家庭料理の底力』（朝日新聞出版）、『調理と食品の官能評価』（建帛社）、『絶対に失敗しない料理のコツ　おいしさの科学』（幻冬舎）、監修に『1日にとりたい食品と量がわかる　きほんの献立練習帳』（朝日新聞出版）など多数。

Staff

撮影　田中宏幸
デザイン　吉村 亮　大橋千恵　眞柄花穂（Yoshi-des.）
編集・構成　丸山みき（SORA企画）
編集・調理アシスタント　谷口由美子　岩本明子　柿本ちひろ（SORA企画）　大森奈津　角島理美
写真&データ　SORA企画
企画・編集　森 香織（朝日新聞出版 生活・文化編集部）

もっとおいしく、料理《りょうり》の腕《うで》が上《あ》がる！
下《した》ごしらえと調理《ちょうり》テク

監修　松本仲子
編著　朝日新聞出版
発行者　片桐圭子
発行所　朝日新聞出版
〒104-8011 東京都中央区築地5-3-2
電話 (03) 5541-8996（編集）
(03) 5540-7793（販売）
印刷所　図書印刷株式会社

ISBN 978-4-02-333091-7

定価はカバーに表示してあります。
落丁・乱丁の場合は弊社業務部（電話03-5540-7800）へご連絡ください。
送料弊社負担にてお取り替えいたします。